U0589477

Intelligent upgrade

财务共享的
智能化升级

业财税一体化的深度融合

贾小强 郝宇晓 卢 闯／著

人 民 邮 电 出 版 社

北 京

图书在版编目（CIP）数据

财务共享的智能化升级 : 业财税一体化的深度融合 / 贾小强，郝宇晓，卢闯著. -- 北京 : 人民邮电出版社，2020.4

（企业数字化转型与智能财务实践系列）

ISBN 978-7-115-53420-0

Ⅰ．①财… Ⅱ．①贾… ②郝… ③卢… Ⅲ．①互联网络－应用－财务管理－研究 Ⅳ．①F275-39

中国版本图书馆CIP数据核字(2020)第036829号

内 容 提 要

随着新技术的蓬勃发展，企业财务管理正处于变革转型的关口。如何解决企业规模不断扩大的同时，降低成本、减少冗余和提高执行力？如何打破传统，形成以智能核算、智能预算、智能共享和智能分析为核心的智能财务体系？财务共享作为企业财务转型的切入点，在推动业财税融合、优化组织流程、提高财务运作效率、建立财务大数据等方面发挥着至关重要的作用。

本书从行业发展、技术进步和企业应用3个维度系统阐述了财务共享从"共享"到"互联"，再到"智能"的发展历程，即从流程标准化、集中化、满足集团管控和提高效率要求的1.0阶段，到与采购交易、税务管理系统相集成的2.0阶段，再到以数据共享为核心的智能财务共享体系的3.0阶段，试图向读者刻画出新技术在财务共享的每一个发展阶段中的推动作用。

本书行文生动活泼，案例丰富，实用性强，可作为集团企业高管，尤其是财务、业务管理人员学习财务共享的工具书，也可作为有志于进入财务共享领域的学生、人员的参考书。

◆ 著　　　　贾小强　郝宇晓　卢　闯

　　责任编辑　郭　媛

　　责任印制　周昇亮

◆ 人民邮电出版社出版发行　　北京市丰台区成寿寺路 11 号

　　邮编　100164　电子邮件　315@ptpress.com.cn

　　网址　https://www.ptpress.com.cn

　　涿州市般润文化传播有限公司印刷

◆ 开本：700×1000　1/16

　　印张：15　　　　　　　　　　2020 年 4 月第 1 版

　　字数：179 千字　　　　　　　2025 年 10 月河北第 23 次印刷

定价：59.80 元

读者服务热线：(010)81055296　印装质量热线：(010)81055316
反盗版热线：(010)81055315

　　经济的发展、竞争的加剧以及技术的进步,给传统商业模式带来了巨大冲击。层出不穷的新型商业模式和信息技术对企业财务模式及信息系统建设提出了新的要求。最近几年,我们深刻感受到,财务行业正站在向数字化转型的巨大变革点。在这个变革点上,我们更加深刻地体会到,以大智移云物和区块链为代表的新一代信息技术对财务领域的冲击和挑战。

　　一方面,随着线上与线下融合的新思想在企业运营中获得广泛采用,传统的以事后处理为核心的财务模式因无法匹配前端快速响应的管理需求而面临变革。企业需要实现对更广泛业务(从记账、算账到报账、采购、税务等)的数字化处理,以适应前端的业务发展需求。另一方面,在社会发展和技术进步的推动下,经济波动的周期越来越短、越来越窄,企业经营变得越来越复杂和充满不确定性。同时,信息技术不断升级,信息、数据的产生和处理速度日益加快,使企业有能力对海量的财务数据和非财务数据进行收集、加工、分析和报告,并获得更精细的数据,更实时的分析报告,更快的预测速度和更强的计算能力。传统的财务思维和技术已经无法满足企业需求,我们需要不断引入新的思维和技术来应对这些挑战。

　　为此，基于多年的财务专业积淀、技术研发经验和实践案例积累，我们组织编撰了《企业数字化转型与智能财务实践系列》。本套丛书聚焦于新一代信息技术在财务领域的融合和应用，基于对财务核算和财务管理工作的创新和发展，全面探寻企业在数字化时代以数据赋能业务发展，实现数字化运营的行动路径。

　　我们认为，实现数字化运营的核心有三点：智能技术，业财税一体化和中台思维。

1. 用智能技术引领数字化运营

　　数字化运营涵盖信息系统自动化、智能化、在线化、实时化和业务流程的数字化等多方面的要求。在这中间，智能技术无疑是其得以全面实现的底层技术和前提条件。

　　智能技术正被应用到财务工作的很多领域中，例如应用财务机器人实现流程自动化，应用语音识别进行人机对话，应用图像识别进行发票审核，应用规则引擎进行管控决策。我们还可以运用人工智能来洞察业务背后的规则。在不同环节中，人的手、眼、耳、脑的功能都会被相应的人工智能技术替代。

　　总体来看，帮助企业实现数字化转型的智能技术主要有 3 类：自然语言识别、知识图谱和机器学习。应用自然语言能带来更便捷的交互；引入机器学习、深度学习进行数据的自动分析，实现让数据自己"说话"；应用知识图谱进行知识的沉淀与积累，实现操作流程的自动化以及企业知识的沉淀。此外，RPA（Robotic Process Automation，机器人流程自动化）尽管严格来讲不属于智能技术，但它作为一种基于人类预定规则模仿人类行为的软件，被视为人工智能的前奏，也是数字化时代企业实现会计处理自动化的重要技术工具。我们正在打造的财务机器人、业财税智能共享平台和智能管理会计平台就是这些技术在 IT 系统中的具体应用。

应用自然语音识别技术，系统具备了感知并认知自然语言的能力。用户可以通过自然语言给财务软件发出指令，让财务软件根据指令搜索并用语音回答用户，甚至用户能够用自然语言与之进行对话。当前，借助智能语音技术，实现用自然语音生成表格、用自然语音生成图表、智能提示、智能纠错的人机交互应用已经嵌入元年业财税智能共享平台中。

应用知识图谱和智能推理技术，系统可以实现智能记账、全盘处理会计账务信息。例如，通过在业财税智能共享平台的税务共享系统上嵌入基于 AI（Artificial Intelligence，人工智能）技术的智税图谱，系统可以自动检索税务的政策法规，并与用户进行智能问答。

应用机器学习，系统可以基于对业务知识的理解，科学预测、合理控制、智能分析，真正成为管理人员和财务人员的智能助手。同时，机器学习结合自然语言识别、知识图谱、图像识别等前沿的人工智能技术，还可以帮助企业实现商业智能（Business Intelligence, BI）的升级，实现自助式数据分析（自助 BI），将之移动化、协同化，打造更易交互、更智能化的新一代智能管理会计系统。

RPA 在财务领域的具体应用就是财务机器人。财务机器人可以替代人类，自动化地完成结构化、规则导向、可重复的财务工作任务，从而大幅度地提升工作效率，并将大量财务人员从烦琐的财务工作中解放出来。由于财务机器人可以完美取代人工，完成低附加值的工作环节，高效完成重复性高并有逻辑性的工作，已成为新一代智能共享系统中重要的技术支撑，可以挖掘70%~90%的财务共享流程自动化潜力，提高100%~300%的工作效率。

2. 用业财税共享落地数字化运营

数字化运营的核心和关键就是实现业务的数字化，而实现业务数字化的前提则是对所有业务流程的在线化和显性化，不仅是要把前端销售、物流线上化，更要把后端的财务、采购、内部资源配置与前端的新型商业模式进行匹配。与业务结合越来越紧密的技术，和对技术越来越依赖的业务，是实现企业向数字化平台转型的必然趋势。

数字化在系统中落地的过程，可分为对外、对内两条线：对外记录所有交易过程，对内打通所有业务条线，再通过一个统一的平台将整个业务串联起来，打通内外，实现互联互通。这个统一的平台就是业财税一体化的智能共享平台。

业财税智能共享平台是传统财务共享在"互联网+"时代的革命性换代产物。其本质是基于新一代的信息技术，实现对企业更广泛业务（从记账、算账到报账、采购、税务等）的数字化，并对企业的财务体系、业务流程、商业模式进行颠覆和升级。它包括4个部分：财务共享、商旅共享、采购共享和税务共享。通过财务共享，企业可打通财务与内部各分公司、子公司各部门的连接，实现所有交易的透明化、在线化处理；通过采购共享，企业可打通财务与内外部供应商、客户之间的连接，实现采购的互联网化，达到"一点结算、一点支付、一点核算"；通过商旅共享，企业可打通并接入众多商旅平台及供应商，实现在线申请、在线下单、系统自动执行预算、完成采购、统一结算；通过税务共享，企业可打通与税务机关之间的连接，实现税务数据信息的大集中，达到"一点开票、一点算税、一点看税"。

基于业财税智能共享平台，企业得以回归以交易管理为核心的企业运营本质。一方面，向前打通财务和交易，企业利用互联网开放和连接的功能，打通整合与合作伙伴、客户、供应商的交易数据和交易流程；另一方面，向后支撑管理，企业业务流程的主线支撑管理会计信息，管理会计信息基于交易数据实时产生。

3. 用中台思维建构数字化平台

自 2019 年伊始，短短 1 年间，中台这一新概念以雷霆之势迅速渗透到整个企业界，甚至已到达"无企业不谈中台"的境地。我们在一次调研中发现，有 80% 以上的企业已经在建设和在规划建设数据中台，这也从一个侧面反映了中台的普及程度。

在传统的信息化架构下，企业 ERP（Enterprise Resource Planning，企业资源计划）系统、CRM（Customer Relationship Management，客户关系管理）系统、SRM（Supplier Relationship Management，供应商关系管理）系统、HR（Human Resource，人力资源）系统等在应用中呈现烟囱式的架构。这些系统彼此独立，每一个系统都有一整套完整的结构，既形成了大量数据孤岛，又造成了大量的资源浪费和数据损耗。数据中台则打破了这种烟囱式的信息化架构，通过在前后台之间增加了一层系统，使新一代企业信息化架构从一系列套装软件系统的方式变为各种服务支撑下的一系列前端应用系统。这不仅将彻底解决企业的信息孤岛问题，提升数据采集和数据转换的效率和质量，还将基于中台"共享"和"复用"的特点，根除重复建设企业信息化系统的现象，为数据存储和数据管理带来便利。

　　具体而言，数据中台的目的是用数据赋能业务，打通底层数据，使数据得以共享，最终成为数据建模平台。数据建模平台可分为数据收集层、数据存储计算层和业务应用层。在数据收集层，企业将来自 ERP、SRM 等各个信息化系统中的业务数据、财务数据、大数据等结构化和非结构化数据直接汇入数据池中，实现统一、集中的数据收集；在数据存储计算层，企业通过数据建模，形成服务化的数据应用；在业务应用层，企业通过将数据融入具体的业务经营场景中，基于丰富的数据模型开展场景化应用，并以多样化的形式展现数据分析应用的结果，让数据赋能企业业务发展。

　　数据中台上部署了一系列的新技术，包括内存多维数据库、分布式计算、数据可视化、智能数据分析和机器学习等。内存多维数据库实现了提高数据时效性的革命性突破，分布式计算大大提升了数据计算的速度，数据可视化大大降低了决策的难度，智能数据分析让数据的价值获得更充分的挖掘，机器学习令系统具备了自助分析的能力。所有这些新技术叠加起来，使新一代数据化平台拥有了更强的计算能力、更快的预测速度、更直观的决策支持信息和更加自动化的分析能力。

　　在具体应用上，智能管理会计平台是构建数据中台的有效工具。其将传统的管理会计与更加业务化、场景化、实时化的互联网大数据分析融合，并基于对新一代信息技术的深入挖掘和应用，对数据进行采集治理、存储计算和分析挖掘，形成有针对性的数据服务。

　　本套丛书的内容紧密围绕以上三大核心进行拓展，分别就新一代信息系统对智能技术的应用，以业财税一体化为核心的智能共享平台的构建和以中台思维为核心的智能管理会计平台的构建等问题进行详细的理论阐释和案例分析，希望为我国企业财务转型和数字化运营的探索之路带来有益的启发和切实的帮助。

由于编者水平有限，书中难免有欠妥之处，恳请各位专家和广大读者批评指正。我们也希望经由本套丛书的出版，抛砖引玉，引发大家对中国企业数字化转型之路的思考和探索，并借此推动和加速我国企业数字化转型的成功落地。

韩向东

北京元年科技股份有限公司总裁

财务共享是走向智能财务的必由之路

随着大智移云物等信息技术的出现和逐渐成熟，财务管理面临着新的机会和挑战，财务预测决策、财务风险管控以及财务成本管理等有了更先进的算法、模型和工具。数据处理技术可以汇集更全面的数据，商业智能和专家系统能够综合不同专家的意见，移动计算可以帮助财务人员随时随地完成管理工作，财务机器人可以实现财务管理活动的自动化操作，现代系统集成技术可以消除业务、财务和税务等之间长期形成的信息和管理壁垒。由此可见，以人工智能为代表的新一代信息技术的发展给财务管理带来了新的发展契机，正在使财务管理从信息化向智能化方向转变。

对智能财务，学术界并没有普遍认可的权威定义，参照业界的一般理解，借鉴智能制造的定义，我们可以尝试把智能财务定义如下：智能财务是一种新型的财务管理模式，它基于先进的财务管理理论、工具和方法，借助于智能机器（包括智能软件和智能硬件）和人类财务专家共同组成的人机一体化混合智能系统，通过人和机器的有机合作，去完成企业复杂的财务管理活动，并在管理中不断扩大、延伸和逐步取代部分人类财务专家的活动；智能财务是一种业务活动、财务会计活动和管理会计活动全功能、全流程智能化的管理模式。

相对于财务信息化阶段注重财务和业务信息的整合以及信息的快速处理和实时共享，财务智能化阶段则更注重企业各类信息处理的效率、效益和智能化的程度，例如，利用物联网、RPA 和机器学习、专家系统等技术实现财务处理的全流程自动化，以降低成本、提高效率、减少差错；基于神经网络、规则引擎、数据挖掘等技术自动实现财务预测、决策的深度支持，以提升其科学性和实时性，这一阶段再造的不仅是流程和组织，还会在更高层面上，对企业管理模式和管理理念进行再造。

智能财务不仅是财务流程中部分环节的自动化，也不仅是某个财务流程的整体优化和再造，而是财务管理模式，甚至是财务管理理念的革命性变化，它借助于人机深度融合的方式来共同实现前所未有的新型财务管理功能。

有专家认为，智能财务至少涵盖三个层面：第一，是基于业财税深度一体化的智能财务共享平台，这是智能财务的基础；第二，是基于商业智能 BI 的智能管理会计平台，这是智能财务的核心；第三，是基于人工智能的智能财务平台，这代表智能财务的深度发展。我们认为，这三部分描述了智能财务的可能发展阶段，但其基本架构至少应包含相关技术层级、核心管理内容、信息处理部件及它们之间的逻辑关系。

《财务共享的智能化升级：业财税一体化的深度融合》一书不仅详细介绍了多种数字技术在财务管理中的应用，还明确指出了财务智能化之路的发展路径，需要经过业务流程自动化平台、机器人流程自动化、自然语言识别技术、智能/认知计算、模型化业务等几个阶段的发展与沉淀，才能逐步达到智能财务的发展境界。而财务共享中心是各种数字技术应用的成熟场景，是走向智能财务应用的必由之路。

财务共享中心是应用数字技术和智能财务的最佳应用场景，或者说，在 OCR（Optical Character Recognition，光学字符识别）影像识别、RPA 财务机器人、派工管理和财务门户管理系统等多种技术的支持下，财务共享中心的理念、架构和运营模式才得以真正落地，为企业的战略转型打造更灵活、个性化的管理架构发挥了非常重要的作用。通过《财务共享的智能化升级：业财税一体化的深度融合》，我们可以看到这些数字技术是如何为财务管理服务的。

通过《财务共享的智能化升级：业财税一体化的深度融合》一书，可以了解智能技术融入行业应用是传统产业与新技术融合的有效途径，可以明确的是，包括语音技术在内的各类智能技术在财务、税务、数据分析、商务智能方面的应用将越来越多，一个更加智能化的财务管理应用场景将更多地在企业中展现。智能技术让财务的价值淋漓尽致地发挥出来，进一步推动企业战略落地和精细化运营，优化企业运营环境，为中国经济的转型升级增添强大动力！

刘勤

上海国家会计学院党委副书记兼纪委书记、副院长

教授，博士生导师

2019 年 11 月

财务共享必定是"业财税一体化"的大平台

历时两年多的筹备，《财务共享的智能化升级：业财税一体化的深度融合》终于在 2020 年与读者见面了。毫不夸张地说，本书是国内致力于研究财务共享和从事财务共享实践人士的必读之作。

大家知道，近年来关于财务共享的话题非常热，每逢财务同仁参加各类财经专业峰会和专业论坛，财务共享都是必谈话题。究其原因，首先，随着我国经济的快速发展，大型和超大型的企业集团不断涌现，而财务共享作为一套已在国外被证实的先进管理模式，在支撑大型企业集团财务管理和风险控制方面，发挥了重要作用，所以越来越多的企业引入财务共享模式作为加强财务管理、提升财务效率的重要抓手。其次，整个社会的数字化和智能化的快速演进，如 ERP 的快速推广，第三方支付手段的普及、电子发票的推广及人工智能技术的出现等，新技术在财务管理和财务共享过程中的应用，帮助企业在财务共享的进程中不断实现流程自动化和管理信息化的目标。这一点比较有趣，财务共享在国外更多的是以财务外包的面貌出现，主要是将财务运营从欧美的高成本地区迁移到新兴国家以降低运营成本，而在中国，除了成本降低外，更多体现在运用新技术支持企业的扩张和管控企业财务风险方面。最后，企业前端业务的集中化、共享化和信息化，对于中后台的集中共享和数字化水平提出了更高的要求。由此可见，这股共享热潮还会继续下去，在可预见的未来，继续快速改变财务管理的运行和生态。

自 21 世纪初期随着大型跨国企业大规模进入中国以来，财务共享总体经历了三个阶段，本书中对于财务共享 1.0 到 3.0 的演进过程进行了翔实的回顾，从最初始的物理集中到报账平台的大规模部署，再到如今人工智能技术和财务共享的结合。财务共享在中国也同样经历了一个新生事物逐渐被接受的过程，这个过程中，存在着原生的国际领先实践与中国本土实践的反复磨合，最终形成一套适应中国国情的财务共享建设与运营模式。

本书中提到的业财税一体化的财务共享模式是目前企业采用最多的领先共享模式，主旨是通过业财税融合，打造融合企业财务核算、资金结算、税务运营一体化的财务共享服务中心。虽然这对企业变革管理的要求很高，但好处是可以非常彻底地将能够共享的事务都集中操作，效率提升会非常明显。另外书中提到的财务共享中心的建设定位也非常重要，主要有管控为主模式、服务为主模式以及服务＋管控为主的模式三种，这是整个财务共享建设的大前提，否则财务共享建设就变成无本之木、无源之水。

本书对于财务共享的各个功能模块做了全面的阐述，包括资金共享、费用与商旅共享、应收应付共享、税务共享、总账与报表共享及共享运营管理等。我们常说"魔鬼都在细节中"，财务共享过程其实是对企业财务运营细节采用先打碎，再重组优化的方式实现，本书对于财务共享的各个模块的建设细节进行了非常详尽的说明，糅合了多家国内大型财务共享企业的领先实践以及行业专家的智慧贡献，这有助于对于大家根据自己企业的情况，总结适应自己企业的财务共享方向和路径，相信大家一定都能从中有所收获。

本书的另一大特色是非常明晰地阐述了财务共享与管理会计的交互演进的关系。在通常的认识中，大家认为财务共享与管理会计是分离的，财务共享主要是将财务操作类事项集中，管理会计从事的是更有价值的财务预算分析和业务支持的工作。但实际过程中，越来越多的企业实践证明，这两者之间没有绝对的边界区隔，财务共享与管理会计只有相互融合，协同赋能，才能达到支撑企业战略落地的重要目标。而北京元年科技股份有限公司作为国内管理会计实施落地的领先实践者，在财务共享与管理会计融合方面，做了很多行业领先的探索与实践，这一点弥足珍贵，很多经验值得大家借鉴。

经过 40 多年的改革开放，中国很多企业已经变成了行业巨头或世界巨头，财务管理已经不能再简单依靠粗放式的方式发展。因此，对于企业财务管理者来说，更高层次的财务管理挑战就在眼前。谁能更好地用好财务共享等重要管理工具，加快财务转型的步伐，谁就更有可能在变化的市场竞争中占据先机。未来能够生存发展的企业，必然也是管理最好的企业。从这个意义上说，本书是所有希望通过财务共享来提升财务管理水平的财务同仁的必读之作，衷心希望本书能够得到广大读者的喜爱。

徐伟

复星集团财务共享服务中心总经理

2019 年 11 月

从财务共享建设到构建灵活的企业中台架构

市场的快速变化对企业经营的压力越来越大，但企业的经营管理是一个系统工程，不可能把全部精力都投入前端市场。往往因为在短时间内无法满足前端市场需求而影响客户满意度，从而瞬间对企业品牌形象造成巨大的打击和影响。从长远来看，后端管理能力的提升对满足前端市场需求是有利的，因此如何平衡兼顾前后端市场，一直是我们面临的一个挑战。

近几年来，集团企业对财务共享中心建设的热情持续高涨，就是看到了一种既可以提高效能，又可以加强管控的方法和路径。共享中心把各分子公司的财务标准流程统一起来，既满足集团管理的需求，又能激发分公司、子公司的活力，让其投入更多的精力服务好前端客户。

而 2019 年更加火热的中台概念迅速能赢得众多企业的关注，并纷纷投入研究和启动中台的建设，也是基于同样的理由。这些企业把集中管理的共享概念从财务部门扩展到更多领域，去构建企业全面应对市场变化的缓冲地带和灵活设计未来发展路径的发动机，其意义和价值一下子就凸显出来了。

财务共享的特点就是集中和共享

阅读《财务共享的智能化升级：业财税一体化的深度融合》，可以更加详细地了解财务共享概念的发展历程，也能从侧面了解到企业不断调试适应未来发展的架构和体系的过程。起源于 20 世纪 80 年代的财务共享概念直到最近几年才呈现出爆发式增长态势，其原因是企业对集约化管理模式的需求和在互联网、数字化、智能化技术的广泛应用、相互促进下形成的。也就是说，数字技术的发展让财务共享的实施路径更加清晰、更容易被企业所接受。

ERP 时代解决了管理流程化、集成化的应用，强调的是集成效应，但在今天，企业对个性化、灵活性的需求更多更强。企业成立财务共享中心就是从组织、人力、政策、流程、成本、培训等各个维度进行集中化处理，打造集团化的专业服务能力，为前台部门、分公司、子公司赋能的同时，也接受集团领导，并通过财务共享中心贯彻集团的有关政策，让前端分公司、子公司不折不扣地实施，简化流程，提高效率，降低成本。财务共享中心也是数据共享中心，从中台架构的设计上来说，财务共享中心本身就包含了业务中台和数据中台。当然，中台架构的覆盖范围更广，通过各种应用产生出的大量数据得到专业化分析，让集团高管真切了解到业务运行的真实状况，并以此做出准确判断和决策，重新赋能前端业务。

财务共享中心是应用最新数字技术的最佳场景，《财务共享的智能化升级：业财税一体化的深度融合》关于影像识别、财务机器人等数字技术在财务共享中心的应用上有很多详细介绍。为企业把采购、商旅、商城等其他业务模块纳入共享平台，并融入企业整体业务中台积累了丰富经验，为业务和财务、税务系统的一体化融合奠定了坚实基础。

中台架构的很多理念、设计和实施路径其实已经在财务共享平台和共享中心的建设中都得到了广泛应用，积累了大量的实践经验。《财务共享的智能化升级：业财税一体化的深度融合》的论述让我们充分感受到，企业在财务共享中心的建设经验，将大幅提升建设中台的能力，使中台架构的价值得到充分发挥。

从财务共享到业务中台，从管理会计到数据中台，"管理会计开道，财务共享奔跑"的理念同样符合业务中台和数据中台的关系。财务共享中心建设本身就是企业中台建设的核心内容，也是企业从财务到全面数字化转型的必经之路。中台建设既解决了原来重复建设、共享程度低、数据孤岛、信息传递不通畅的问题，也让后台管理"能听得到前线的炮火"，能更好地支持前台和满足客户需求，快速地为前台输送更多更快的"炮弹"。

财务共享就是中台架构的重要基础

新的商业环境变化正在呼唤新一代的企业 IT 架构，独具中国特色的中台概念正是企业为了适应不断加剧的竞争环境下不断探索、调适的结果。

中台是相对于前台和后台而言的。前台通常是指面向客户的市场、销售和服务部门或系统，后台则是技术支持、研发、财务、人力资源、内部审计等支撑部门或系统。对前台来说，对客户需求做出快速反应是其基本职责。在传统架构中，前台需要得到后台的指令，包括业务和数据的指导，但后台的反馈速度往往很慢，无法满足客户的需求，因此会造成极差的客户体验。后台系统是一套相对完整的系统，流程规范、管理制度严格，无法为了前台的需求而彻底改变，而前台的业务变化太快了，根本无法做出及时的分析和判断。

　　产生这个问题的根本原因其实就是前台和后台本身属于两个管理体系。我们用"轮子"来比喻的话，两个轮子的"配速"不一样。一个是面向市场，先天的运转速度就快；一个是处于后台，更多的强调是标准、规范，对前端市场的反馈速度相对较慢。因此两者之间必须再加一个轮子，借助于这个轮子把前后轮的配速平衡起来，才能够做到更好的协同。于是中台概念应运而生，中台既能对前端的需求做出快速反应，又能给后端管理系统做个缓冲，自然是一个最好的选择。

　　从商业模式上来说，这实际上也是最能满足集团企业不断创新和业务扩张需求的结构设计。因此，中台概念其实并不纯粹是一个技术概念，更是一个商业模式的创新架构。也正因为如此，企业高管对中台架构的接受程度会这么高，推广的积极性会这么大。从技术发展角度来说，"大智移云物"的技术发展和融合应用，让原本相互嵌套的流程、功能再次解耦，并按照需求重新配置的能力越来越强，功能颗粒度越来越小。云原生、微服务等技术的广泛应用，让中台架构的商业模式能够迅速地搭建起来。因而谁掌握这种新的技术，谁有这种咨询和建设能力，谁就会受到企业的欢迎。

中台架构的价值至少体现在三个方面：一是把那些可以共享、重复度高的功能集中起来处理，起到集约的效果；二是由于剥离了前端具体业务，中台更专注于抽离出来的商业逻辑，对解构了的功能进行集中处理，在流程、系统的设计、开发上速度更快，运营效率更高；三是前台业务可以更加专注于业务拓展和个性化创新，原来需要后台支持的职能可以由中台直接赋能，相互协同，快速达到提升业务的目的。

相对于 ERP 概念从 1990 年兴起到 2000 年普及经历了十年的历程，中台概念在 2019 年内就被企业广泛接受，堪称 IT 史上的最快案例，这也显示出企业对应用数字技术的开放姿态和管理模式面临新一轮重构的强烈需求！这本来也就是一个常态，即 IT 技术进步与企业管理模式变革一直处于相辅相成的状态。

从《财务共享的智能化升级：业财税一体化的深度融合》一书中可以纵观中台架构的构成要素，财务共享平台毫无疑问是其重要组件，是构建企业整体中台架构的重要基础。中台建设的价值，还在于帮助企业搭建更加适应企业数字化转型的全新 IT 架构。或者说，中台架构本身就是企业全新 IT 架构的核心内容和骨干系统，让企业 IT 运营更加顺畅，更能帮助企业尝试新的商业模式，完成战略转型的目的。

杨安明

TCL 科技集团副总裁，TCL 华星光电高级副总裁

2019 年 11 月

随着新技术的蓬勃发展，大数据、智能化、移动化、云计算等正在改变着每一个传统领域，企业财务管理也处于变革转型的关口。传统的注重核算的财务管理体系不再能够满足企业管理的需要，以智能核算、智能预算、智能共享和智能分析为核心的智能财务体系正在形成。财务共享作为企业财务转型的切入点，在推动业财融合、优化组织流程、提高财务运作效率、建立财务大数据等方面发挥着至关重要的作用。

在新技术的驱动下，财务共享的新时代即将来临。第一阶段的财务共享依托信息技术，实现了财务业务的集中处理和流程优化，其核心是"共享"；第二阶段的财务共享通过财务业务系统的自动化和协同化内联企业业务系统，外联商旅平台和税务平台，实现了业财税一体化的财务共享，其核心是"互联"；第三阶段的财务共享在各个应用场景深度融合大数据、人工智能、内存计算和智能引擎等新技术，实现了业财税深度一体化的智能共享，其核心是"智能"。在未来，随着技术的不断深化，财务共享将围绕数据共享，构建企业数据仓库，融合管理会计和数据分析技术等，为企业构建以中台架构为核心的数字企业管理及决策平台。

本书从新技术的视角描述技术推动下的财务共享发展历程，试图向读者刻画财务共享的每一个发展阶段中新技术的推动作用。本书共分 8 章，每章讲述一个专题：第 1 章描述了财务共享的发展历程；第 2 章至第 5 章分别描述了财务共享、采购共享、差旅共享、税务共享等领域中新技术的使用带来的共享升级；第 6 章专门讨论了 RPA、OCR 和智能引擎等技术在共享领域中的应用；第 7 章描述了财务共享中心的运营问题；第 8 章展望了财务共享的未来价值。

财务共享的迅速发展给我们编写这样一本实务导向的财务共享书提出了极大的挑战。以前沿性、系统性和适用性为目标，本书在写作中注意突出以下特点。

❶专题性。全书按专题设计，每个专题聚焦财务共享的某一特定领域。❷领先性。各专题在大数据、云计算和人工智能等新技术的应用展开讨论。❸实用性。各专题系统阐述本领域中财务共享的发展瓶颈、新技术的推动作用及应用价值。

本书由北京元年科技股份有限公司的副总裁贾小强先生、常务副总裁郝宇晓先生和中央财经大学卢闯教授担任主编，中央财经大学会计学院研究生张璐参与了编写并协助主编做了大量的统稿工作。书稿从构思酝酿到编著成书，得到了行业内多位人士的大力支持，在此特向各位表示衷心的感谢。

正所谓"闻道有先后，术业有专攻"，本书如有不妥之处，还请读者批评指正。

贾小强　郝宇晓　卢闯
2019 年 8 月于北京

目录

第①章

财务共享新篇章 / 001

第 ② 章

财务共享篇：标准化流程 + 自动化处理 / 037

第 ③ 章

采购共享篇：财务共享 + 在线商城　/　071

第 ④ 章

差旅共享篇：财务共享 + 商旅平台　/　083

第 7 章

运营管理篇：新技术 + 新管理　/　139

第 8 章

第 **1** 章　**财务共享新篇章**

1.1　走进财务共享

时下，人们对于"共享"一词并不陌生。随着各种各样的扫码即用的共享单车、共享汽车、共享雨伞、共享充电宝、共享睡眠舱不断走入人们的生活，共享概念越来越火热，我们似乎跨进了共享经济的时代，如图 1-1 所示。

图 1-1　共享经济时代

共享服务的概念早已存在。最早诞生于 20 世纪 80 年代西方国家的共享服务，被视为跨国企业的一场"集体冲动"。当时正值经济全球化和信息技术的迅猛发展期，一些领先的跨国企业加速区域化扩展步伐，通过投资、并购等方式建立了遍布全球的分支机构。企业规模不断扩大，分支机构日益增多，原有的分散式组织形式出现了规模不经济、管理成本居高不下、集团管控难度大、政策执行力差、机构人员冗杂等问题。

"只有那些能以最小单位成本提供业务支持的企业，才是市场上的赢家。"正如（比）安德鲁·克里斯等人所著的《服务共享——新竞争系列》一书所说，降低成本、提高效率、加强管控，成为许多跨国企业在激烈竞争之中取胜的关键，而共享服务正是在上述条件下应运而生的一种新型管理模式。

所谓共享服务，是依托信息技术，以流程处理为核心，以优化组织结构、规范流程、提升流程效率、降低运营成本和创造价值为目的，以市场化的视角为内外部客户提供专业化生产服务的管理模式。共享服务模式结合了集中化模式和分散式模式的优点，促使企业达到更高绩效。共享服务模式的功能如下。

（1）通过流程和技术标准化消除冗余过程。

（2）合并并重新设计非核心支持职能，将其纳入服务中心。

（3）对于运营单元保留的组织和职责，进行重新设计。

（4）通过双向的服务水平协议促进责任共担。

（5）加强对于内部客户服务和成本管理的关注。

财务共享是共享服务在财务领域的应用。财务共享中心（FSSC，Financial Shared Service Center）本质上是一个信息化的平台，如图 1-2

所示。企业通过建立和运行财务共享中心，使财务组织和财务流程得以再造，使一些简单的、易于流程化和标准化的财务工作，包括核算、费用控制、支付等，集中到统一的信息化平台上来。

图1-2　财务共享中心

1.2　财务共享的发展历程

纵观近几十年来财务共享服务的发展历程，不难发现，财务共享服务在不同经济背景、不同企业发展模式、不同信息技术下呈现出不同的特点。最初的财务共享中心以"降本增效"为己任，而随着经济环境的变化和信息技术的发展，财务共享服务的模式和价值也在不断演化。根据建设模式和价值目标，企业财务共享中心的发展应用大致可以分为以下 3 个阶段，在财务共享的发展过程中技术贯穿始终。

1.2.1　1.0 阶段：信息集中 + 资源协同

在 1.0 阶段，建设财务共享中心是集团企业发展的一个必然要求，把标准化的流程、重复性高的工作集中起来，交给财务共享中心来做，既能满足集团管控、财务大集中的要求，又能提高工作效率，减轻分、子公司的压力。通过相应的制度调整安排，分、子公司的灵活性以及集团政策落实和集团与分、子公司间的资源协同得到更好的发展。

如图 1-3 所示，财务共享中心 1.0 阶段包含 3 类工作：对内业务、对外业务和共享中心运营管理。共享中心运营管理包括影像管理、资料邮寄、档案管理和派单抢单。财务业务处理分为对内业务和对外业务。对内业务主要包括员工报销、总账报表、资产管理和合同管理 4 部分；对外业务则是与供应商、客户相关的流程处理，通常企业内置的 ERP 系统会有供应商和客户管理模块，共享系统只需要与 ERP（Enterprise Resource Planning，企业资源计划）系统对接这部分功能和数据即可；对外业务还包括银行、税务机关对接，需要用专门的银企直联或者报税软件处理。

图 1-3　财务共享中心 1.0 阶段

在 1.0 阶段，财务共享中心基本上只完成财务部门传统工作的流程优化和组织结构调整，随着企业管理不断精细化，数字技术、互联网的应用不断深入，有关企业采购、商旅消费的交易环节与财务环节相对独立的系统设计无法满足业务发展需要，打通交易与财务环节的需求愈加迫切。

1.2.2 2.0 阶段：采购交易＋税务管理

在 2.0 阶段，财务共享中心将与采购交易系统和税务管理系统结合在一起。如图 1-4 所示，财务共享中心连接外部的商旅、供应商、电商平台及内部的各种资源，搭建企业商城，形成采购交易系统；又连接政府税务平台，搭建税务管理系统。在 2.0 阶段，通过集成，形成业财税一体化的财务共享中心。

一般情况下，主要材料或者直接物料的采购大都由 ERP 系统来完成，而非直接物料的采购，例如商旅服务、办公用品、IT 系统、培训服务等，通常无法在 ERP 系统中完成，但是这些业务事项的成本费用金额不低，重要性也越来越高，因此，将其纳入系统管理也成为必然选择。

如图 1-5 所示，在 2.0 阶段，共享中心外接京东、携程和大众点评等电商平台构成企业商城、实现商旅服务和办公用品等的采购，并由此优化重塑了采购中从申请到支付入账的整个流程。

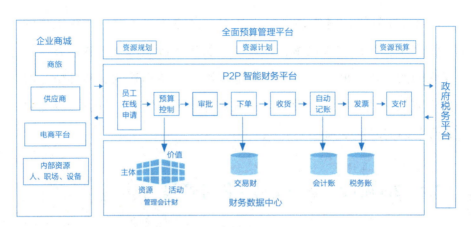

图 1-4　财务共享中心 2.0 阶段

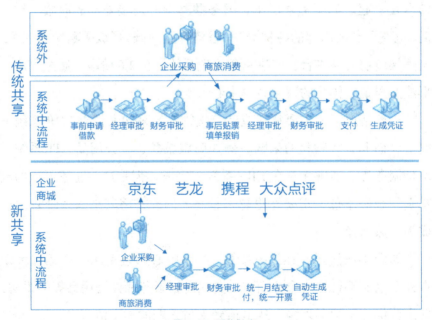

图 1-5　采购共享

随着国家金税三期工程的上线推广，对税务管理的合规性要求大幅提高，企业税务管理变得更加复杂、敏感。传统的开票、收票、验票的线下工作也希望通过光学字符识别（Optical Character Recognition，OCR）、财务机器人等数字技术与税控系统进行信息对比、集成，从而提高工作效率以更好地进行税务筹划。

因此，在财务共享中心 2.0 阶段，实现业财税一体化成为主要内容。随着管理模式和技术条件的不断成熟，越来越多的业务环节将被连接到财务系统中，以减少单据量，提高财务工作效率。

1.2.3　3.0 阶段：数据共享 + 业务全覆盖

随着信息技术的发展，财务共享作为管理会计的"基石"，正面临定位与价值的全面刷新。在大数据、云计算、互联网、人工智能等技术的渗透下，领先企业正在积极探索和建设以数据共享为核心的智能财务体系。如图 1-6 所示，财务共享中心连接前、后台部门的运营和数据中台，承载智能共享服务、智能管理会计和智能数据分析等功能，在新技术驱动下，推动企业构建智能财务体系。

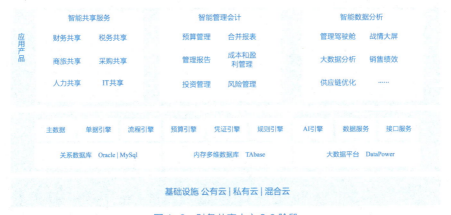

图 1-6　财务共享中心 3.0 阶段

　　这是财务共享发展的高级阶段，覆盖企业绝大部分的业务系统，是企业强大的业务中台和数据中台，为分、子公司提供更多的可以随时调用的业务支持。大量的业务交易产生大量的实时数据，使共享中心成为集团级数据中心，共享中心集成核算数据、预算数据、资金数据、资产数据、成本数据、外部标杆数据等，为数据建模、分析提供准确、全面、系统的数据来源，成为企业业务调整依据和决策依据。

1.3　新技术驱动下的财务共享

1.3.1　传统财务共享的局限

财务共享服务是经济发展缓慢和全球化扩张的产物。追溯其背后的逻辑，一是英国经济学家亚当·斯密在《国富论》中提出的"分工提高劳动生产率"；二是 20 世纪初福特公司创始人亨利·福特在汽车生产中率先引入的"流水线"作业方式。两者的根本都在于分工所带来的劳动生产率的提高，以及规模经济所带来的成本的降低。因此，财务共享的本质在于通过将"流水线"作业引入财务工作中，实现对原本分散的、重复的、可标准化的记账、算账工作的集中式处理，从而控制成本、提高效率。传统财务共享对企业的财务工作组织、财务工作场地和财务工作方式都会带来变革，但是并未触及财务工作的具体流程，也未从根本上改变传统的财务管理模式。换言之，传统财务共享只是将流水线作业模式引入财务工作中，以人员机器化为代价，实现简单的操作集中或者人员集中的办公。其局限主要表现在以下 3 方面。

一是传统财务模式下，财务流程和交易分离，产生大量冗余的流程环节。以费用管控为例，很多企业为了实现流程管控，设计了诸多控制流程，而事前预算申请的流程与交易实际上是脱节的，它只是为了保证预算能够正确使用，于是通过事前申请预算，增加一个审批流程。但当交易发生后，不管是业务人员、审批领导还是财务人员，大家都必须重复做很多事后工作，导致管理低效且成本高。

二是传统财务模式下，财务处理时间滞后，财务信息无法及时反映环境变化，无法满足使用者实时决策的需求。一方面，财务会计按权责发生制的要求确认损益，凭发票入账，从而业务发生和业务入账分离，财务处理在时间上滞后于业务活动，导致财务会计提供的信息是历史性的、缺乏前瞻性的，无法满足使用者的需要；另一方面，财务会计依据会计分期假设的要求，定期产出并传递信息。在激烈的市场竞争中，财务会计信息传递的时间固定性与决策的及时性产生了巨大的矛盾。

三是传统财务模式下，财务信息支撑体系存在问题，导致财务信息片面、失真，无法满足业务管理需求。从本质上来说，传统财务是准则导向、披露导向，不是业务导向、管理导向。ERP 系统主要为流程操作服务，带来两个问题：一是财务信息客观但未必真实，财务记账以发票内容为主体，但发票无法反映业务的本质，财务数据与业务实质脱离，导致 ERP 财务信息失真，口径无法满足管理需求；二是财务信息为单一化的货币计量信息，而非企业综合性的全

面经济信息，货币计量的信息固然具有一定的综合性，但非货币性
信息对管理往往起到至关重要的作用。

1.3.2　"互联网 +"时代的新挑战

身处"互联网 +"、新零售时代，传统企业面临线上线下的融合。
通过线上线下数据的整合，企业能够提高整体供应链运营的效率，
这是"互联网 +"和新零售的内涵。

不管是"互联网 +"还是新零售，其本质都是商业模式的变
革。这种变革不仅仅是把前端销售、物流线上化，更是要考虑把
后端的财务、采购、内部资源配置与前端的新型商业模式进行匹
配。如果前端已经应用了最新的线上线下融合的新思想，但财务、
采购支撑体系、财务共享中心等后端还是滞后的，还是以拿到发
票后的事后管理为核心的处理模式，其显然不能满足前端快速响
应的要求。

传统财务管理模式下，由于技术和管理的原因，财务与交易分
离。在"互联网 +"和新零售下的商业模式中，企业需要跳出传统
财务处理的思路，从管理模式和技术应用两个角度探索共享中心，
建设新模式，将财务管理向前延伸，在交易开始之前开展财务管理。

"互联网 +"和新零售下的商业模式对财务体系提出了 3 点新
要求。

1. 组织扁平化

传统财务管理的组织模式是分层级的，有总部、大区、各业务
单元，组织层级多导致业务流程需要层层申报，从而会降低业务执

行效率。然而，扁平化的组织结构能够减少数据的上报层级，减少信息失真，提高信息的传递速度和传递质量。

2.流程简化

传统财务管理模式由于财务与交易脱节，会产生很多冗余的流程环节。"互联网+"时代要求共享中心实现控制步骤前移至业务环节，减少事后重复审批、控制流程、提高管理效率、降低管理成本。

3.数据体系化

"互联网+"要求共享中心直接从业务系统采集前端数据，并根据管理需求筛选数据生成管理会计报表，使得企业财务数据能够反映业务实质。因此，分析财务数据能够给业务提供有价值的指导。

未来，企业财务管理的形态将呈现出数字化、智能化、互联网化、电商化、共享化趋势。一个完整的智能财务体系应当涵盖三个内容，分别为：基础层——基于流程自动化的财务机器人；核心层——基于业财税深度一体化的智能共享中心；深化层——基于商业智能化的智能管理会计平台。

1.3.3　新技术带来的新机遇

1.大数据

近年来，"大数据"作为一个热门概念被人们多次提及。大多数人第一次听见大数据这个词，往往会按照字面意思去理解，认为大数据就是大量的数据，大数据技术就是存储大量数据的存储技术。其实不然，按照一般的解释，大数据是指无法在一定时间范围内用常规软件工具进行捕捉、管理和处理的数据集合，是需要新处理模式才能具有更强的决策力、洞察发现力和流程优化能力的海量、高增长率和多样化的信息资产。简单来说，应用大数据就是利用新的手段存储并分析海量数据后，挖掘出数据价值的过程，如图 1-7 所示。

图片来源：视觉中国

图 1-7　大数据

如图 1-8 所示，大数据的特点可以概括为四个"V"，分别为 Volume（大量）、Variety（多样性）、Velocity（时效性）和 Value（价值性）。

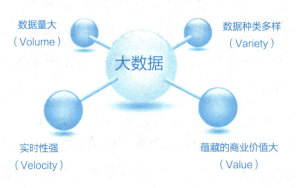

图 1-8　大数据的"4V"特点

Volume（大量）：大数据意味着其应用中往往处理的都是普通计算机、传统常规软件无力应对的海量级别的数据。传统的个人电脑处理的数据是量级为 GB/TB 级别的数据，例如硬盘的容量就是以 TB 为单位。随着时间的流逝，人们处理数据的量级从 GB 上升到 TB 再上升到 PB 甚至是 EB，只有达到了 PB 才能称作是大数据。随着信息技术的升级，数据量级呈现几何级增长趋势，并且我们不再需要谨慎选取样本数据而是直接选择全体数据进行分析，大量的历史数据为分析、预测、决策提供了数据基础。

Variety（多样性）：过去我们往往处理的都是结构化数据。什么叫结构化数据呢？简单来说，结构化数据是由二维表格结构来表达和展现的数据，如企业中用 Excel 表格来展现的都是结构化数据，会计分录也是一种结构化数据。在大数据时代，大数据包括结构化数据和非结构化数据。例如，一张照片包含的信息就属于非结构化数据，一个 Word 文档包含的文字内容也属于非结构化数据，它们不便于使用二维表格的形式来描述，但是非结构化数据包含的信息与决策的相关性往往比结构化数据与决策的相关性更强。企业中80% 的数据都是非结构化数据，这些非结构化数据源于合同扫描件、Office 文档和音频文件等。这些非结构化数据形式多样，彼此之间因果关系较弱。

Velocity（时效性）：在互联网时代，每一秒都在产生大量的数据。从数据的生成到消耗的时间间隔越来越短。这就要求我们不断缩短处理和分析数据的时间，快速从海量数据中挖掘出蕴含的价值。例如我们每天打开淘宝，其首页会立刻为我们推送可能感兴趣的商品，这就是大数据应用的一个场景。如果大数据分析需要一年半载的时间，直到用户购买完毕，淘宝都不知道应该向该用户推送什么商品信息，那么淘宝也就失去了这个用户的潜在价值，大数据也就失去了应用意义。大数据的关键在于挖掘数据价值而非存储数据信息，往往只有很少一部分的数据是我们最终所需要的。因此，企业不会花费大量成本存储无用的数据信息。云计算的出现很好地支撑了大数据的广泛应用，这种超级计算模式使得数据的处理速度大幅提升，云计算甚至可以达到每秒 10 万亿次的运算速度。只有计算速度足够快，我们才有可能将大数据应用到更多场景中。

Value（价值性）："价值"是大数据的核心特征，大数据的价值特征表现为价值密度低但商业价值高。大数据的价值密度低，是因为在数据呈指数增长的同时，隐藏在海量数据中的有用信息却没有按相应比例增长。大数据的商业价值高，是因为相比于传统的结构化数据，大数据最大的作用是从大量不相关的多类型的数据中找到相关关系，从而预测未来趋势。在大数据时代，我们强调相关关系而不是因果关系。大数据不会告诉你 A 的变化为什么导致 B 的变化，它只会告诉你 A 的变化跟 B 的变化密切相关，控制 A 就可以管控 B。大数据通过强调相关关系找到模糊但有控制价值的关联关系，帮助我们在利用数据进行分析预测的时候能更加准确。

在业财融合的趋势下，财务共享中心收集了大量的企业业财数据，甚至包括行业、标杆企业、客户形象等社会大数据。财务共享中心为企业财务管理提供数据基础，成为大数据技术的应用基础。图 1-9 所示为大数据在共享中心中的 3 个应用。

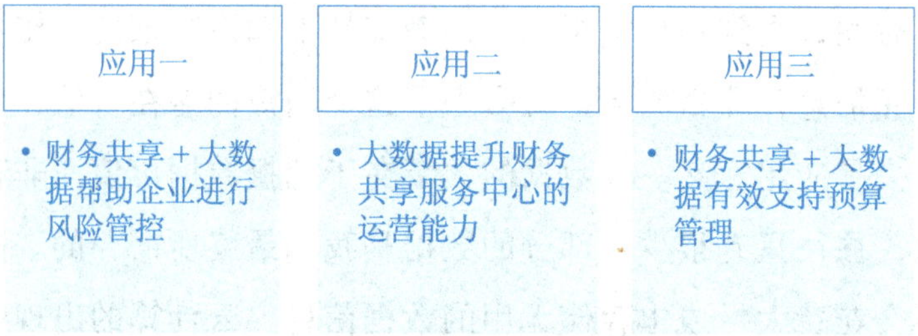

应用一	应用二	应用三
• 财务共享＋大数据帮助企业进行风险管控	• 大数据提升财务共享服务中心的运营能力	• 财务共享＋大数据有效支持预算管理

图 1-9　大数据在共享中心的应用

（1）大数据帮助企业进行风险管控。

以往我国很多企业的财务风险识别和预警工作依赖于专业的企业财务管理人员进行相应的控制和管理。虽然这些财务管理人员在财务风险判断方面具有丰富的经验，但是在具体的风险预警时，他们起到的作用往往不尽如人意。究其主要原因，一方面是企业中有能力的财务管理人员数量较少，大量的财务人员在基础核算岗位上工作，而风险识别的工作又比较复杂困难，财务管理人员无法准确判断所有潜在的企业风险；另一方面是财务管理人员的工作素质可能存在问题，对财务风险预警的准确性会产生较大的影响。

当企业运用大数据进行财务风险管控时，大数据利用财务小数据、企业中数据和社会大数据，并结合更多的非结构化数据进行相关性分析。企业利用大数据可以发现一些风险事件的可能特征，并根据这些特征找到潜在的风险事件。大数据无须告诉我们为什么 A 因素会导致 B 事项有风险，而只需告诉我们因为 A 因素的存在，B 事项很可能存在较大风险。这种相关性分析使得企业能够跳出传统财务分析的框架，以全新的视角发现传统财务分析可能会忽略的财务风险，并进行事前预警。

（2）大数据提升财务共享中心的运营能力。

大数据对财务共享中心运营能力的提升主要体现在两方面，即流程管理和绩效管理。在财务共享中心将流程标准化后，财务流程被分割为一个个标准化的工作环节，有许许多多的端到端接口，这些都有可能影响整个业务流程的速度和准确度。大数据的挖掘和相关性分析能力可以找出哪些是"拥堵环节"，并通过相应的流程管理不断优化财务处理流程，提高财务共享中心的服务质量和效率。这便是大数据影响运营能力的第一个方面——流程管理。

大数据影响运营能力的第二个方面是绩效管理。随着财务共享中心的服务范围越来越大，业务场景不断增加，不同职能的员工进行不同的流水线工作。为了有效提高员工工作的积极性，我们在对员工进行绩效评价的时候需要考虑多个考核因素，如不同业务的难易程度，不同员工的能力，不同单据的处理标准。大数据可以实现多维度考核，在系统记录员工的工作行为后，大数据从海量数据中抽取有效数据，通过建模等方式从操作时长、操作准确度、操作难度、操作数量等方面量化员工的绩效，让员工的绩效考核有迹可循。这样可以提高财务共享服务的绩效管理水平，提高员工工作积极性，间接提高共享中心的服务效率。

（3）大数据有效支持预算管理。

企业中的预算设置直接影响资源分配，因此，在有些企业，每当财务部门编制下一年预算时，业务部门都会夸大自己部门的业务以赢得更多资源，而财务部门如果不了解业务的实际情况，只能根据业务部门的需求编制预算。这样的预算准确性低，对业务的指导性弱，使得预算管理毫无意义。但是在大数据的帮助下，财务共享中心收集到的有关财务、业务的结构化数据和非结构化数据的真实性、丰富度能够得以保证。运用大数据技术，企业可以联系历史和现状，综合行业、自身、竞争对手的情况，甚至引入专家评论等数据，夯实预算编制的数据基础。

当企业进行预实对比时，针对某一偏差，大数据可以通过相关性分析找到若干传统财务思维无法解释的相关动因，而针对这些动因进行的管理，可以帮助业务部门进行更有效的决策。

2. 云计算

谈到大数据和人工智能，我们不能不提到云计算。人工智能的核心是大数据和机器学习，而云计算是支撑起大数据和机器学习的计算基础。如果我们把大数据比作生产原材料，那么人工智能就是取代流水线上的人工的生产力，云计算就是加工原材料所需要的电力等基础能源。云计算为大数据和人工智能提供了计算消海量数据的能力。

根据美国国家标准与技术研究院（National Institute of Standards and Technology，NIST）对云计算的定义，云计算是一种按使用量付费的模式，这种模式可以提供可用的、便捷的、按需的网络访问。进入可配置的计算资源共享池（资源包括网络、服务器、存储、应用软件、服务），这些资源能够被快速提供，企业只需做很少的管理工作，或与服务供应商进行很少的交互。如图 1-10 所示，云计算是一种基于互联网的超级计算模式，它使计算分布在大量的分布式计算机上，而非本地计算机或远程服务器中，在远程的数据中心里，成千上万台电脑和服务器连接成一片电脑云。因此，云计算甚至能够拥有每秒运算 10 万亿次的能力。通过网络的计算能力，云计算取代我们原本安装在电脑上的软件，或是取代原本把资料存在自己硬盘上的动作，转而企业通过网络进行各种工作，并将资料存放在庞大的虚拟空间中。

图 1-10　云计算

云计算的主要特点为：超大规模、虚拟化、通用性、高可扩展性、低成本、按需服务。

超大规模："云"具有相当的规模，Amazon、IBM、微软、Yahoo 等的"云"均拥有几十万台服务器。企业私有云一般拥有数百上千台服务器。"云"能赋予用户前所未有的计算能力。

虚拟化：一方面，云计算支持用户在任意位置、使用任意终端获取应用服务。因为所请求的资源来自"云"，而不是固定的、有形的实体，应用在"云"中某处运行，但实际上用户无须了解，也不用担心应用运行的具体位置。另一方面，云计算采用虚拟化技术，用户并不需要关注具体的硬件实体，只需要选择一家云服务提供商，注册一个账号，登录到它们的云控制台，去购买和配置需要的服务。

这比传统的在企业的数据中心自行部署服务器要简单方便得多。

通用性：云计算不针对特定的应用，在"云"的支撑下可以构造出千变万化的应用，同一个"云"可以同时支撑不同的应用运行。

高可扩展性：基于云服务的应用可以持续对外提供服务（7 天 ×24 小时），"云"的规模可以动态伸缩，满足应用和用户规模增长的需要。

低成本：从长远来看，企业采用云计算比自行部署服务器节省成本。一方面，企业不再需要聘请技术支持团队来解决服务器问题；另一方面，如果企业花费大量资金用于前期部署服务器或升级硬件设施，但是业务没有像其期望的那样进行扩展，那么收入将无法弥补成本。云计算服务提供商通常可以让企业无缝扩展和缩减云计算资源。企业根据需求来购买更多的计算资源，就可以节省成本。

按需服务：用户可以根据自己的需要来购买服务，甚至可以按使用量来进行精确计费。按需服务更加经济实惠，可大大节省 IT 成本，而且资源的整体利用率也将得到明显的改善。

随着全社会数字化转型的加速，"上云"已经成为各行各业数字化转型的关键一步，"用云量"也成为衡量行业数字经济发展程度的重要参考指标。财务上云，共享先行。传统的财务共享中心多是在本地部署的，虽然本地部署的方式可以灵活匹配用户的需求，实现按需建设，但是随着财务共享对于信息系统支撑的要求越来越高，本地部署量越来越大，企业不得不投入大量的运维成本，占用企业大量资产。除此之外，大数据和机器学习的应用使得财务共享中心拥有海量数据信息，因此传统的本地部署模式受限。云计算带来的出色的计算能力成为一个有效的解决途径，因此财务共享走向云端成为不可避免的新时代共享趋势。

如图 1-11 所示，使用云计算技术后，财务共享中心将给企业带来四大管理价值。

降低企业信息化建设成本　促进企业内外部协同

提高员工的工作效率　为财务共享众包模式提供基础

图 1-11　财务共享"上云"带来四大管理价值

（1）财务共享"上云"降低企业信息化建设成本。

企业引入云计算平台建立财务共享中心，按需向云计算服务供应商购买服务，按实际使用量付费，云计算服务供应商全面负责软件的安装、系统的维护。相比于传统的信息化建设，此类模式将大大降低企业信息化建设成本。

（2）财务共享"上云"促进企业内外部协同。

首先，借助云计算平台建立的财务共享中心可以连接企业内部主要信息系统平台，如电子报销系统、票据影像系统、ERP 系统、档案管理系统、合并报表系统等，实现信息流、审批流、票据流三流合一，促进业财融合。其次，财务共享中心可以借助云计算平台与外部的银行、税务机关、客户、供应商对接，从而实现企业边界的模糊化。

（3）财务共享"上云"可以提高员工的工作效率。

财务共享"上云"之后，意味着只要员工登录云平台，就可以随时随地处理业务，不会受到时间和空间的阻碍，从而使信息无缝连接和交互，工作效率大大提高。

（4）财务共享"上云"为财务共享众包模式提供基础。

只要有手机、电脑、网络，员工可以在任何地点登录云平台进行办公。因此企业可以将财务流程进行标准化分割，雇佣来自世界各地的财务人员共同处理业务，以众包模式来运营财务共享中心。

3. 区块链

区块链是一种按照时间顺序将数据区块相连的方式组合成的一种链式数据结构，并以密码学方式保证的不可篡改和不可伪造的分布式账本。每个区块包含特定事务中涉及的数据。当每个事务发生时，它被存储在一个块并添加到链中。这些块组成了一个分布式数据库，可以容纳越来越多的记录。但是，与传统数据库不同的是，分布式的区块链数据库创建了一个共享的数字分类账，而传统数据库中的信息驻留在跨多个合作伙伴的唯一存储库中，并且最终必须进行协调才能更好地使用。

为了更好地理解区块链，我们借用一个"微信小饭团"的例子来解释区块链是如何运行的。例如，公司里有几个人组成了一个饭团，每天中午大家向管理员报名，由管理员安排大家的午饭。但是这种报名方式容易出现问题，例如，所有人的午饭信息汇总在管理员一人的账本记录中，一旦出现信息错误的情况，则无处验证；大家的午饭信息进行了信息隔离，某个人无从知晓他人的午饭信息，如果不是饭团，而是资金管理事项的话，信息封闭就不利于管控风险；管理员随时需要收集午饭报名信息，工作忙碌。后来，大家想到一个更好的解决方案，就是建立一个微信群，每个人把自己的午饭信息发到群里，报名内容不仅仅包括自己的午饭信息，还要按顺序加上前面所有同事的午饭信息。如某天张丽第一个报名，发送内容为"1. 张丽"，李强第二个报名，发送内容为"1. 张丽 +2. 李强"，以此类推。这样的微信接龙方式能让每个人的微信消息记录都成为一个账本，打破信息隔离状态，从而让管理员的工作更加准确、高效。区块链的特点如下。

（1）去中心化。饭团中，每个同事的微信消息记录都是一个账本，各个账本之间可以进行对照，而非只有管理员手中有唯一账本。由于区块链使用分布式核算和存储，不存在中心化的硬件或管理机构，因此任意节点的权利和义务都是均等的。

（2）信息不可篡改。信息一旦经过验证并添加至区块链，就会被永久地存储起来，单个节点上对数据库的修改是无效的，因此区块链的数据稳定性和可靠性极高。

（3）开放性。系统是开放的，除了交易各方的私有信息被加密外，区块链的数据对所有人公开，任何人都可以通过公开的接口查询区块链数据和开发相关应用，因此整个系统信息高度透明。

（4）自治性。区块链采用基于协商一致的规范和协议，使得整个系统中的所有节点能够在信任的环境中自由安全地交换数据，使得对人的信任改成了对机器的信任，任何人为的干预都不起作用。

（5）匿名性。由于节点之间的交换遵循固定的算法，其数据交互不存在不信任的问题（根据区块链中的程序规则，节点会自行判断活动是否有效），因此交易方无须通过公开身份的方式让对方对自己产生信任，这对信用的累积非常有帮助。

在"互联网+"背景下，财务运作存在的问题主要有：企业间财务信息交流没有统一的平台，信息不透明，增加了资金筹集的成本；企业各部门之间无法完全实现资源共享，而且由于企业财务信息的非公开性，每一项财务运作所涉及的流程和制度都错综复杂，执行起来耗费时间长；信息不透明，尤其是涉及关联交易问题，不易控制财务风险。

由于技术和管理的限制，财务运作存在诸多问题，而区块链这一新技术可以改进企业内外部财务业务运作流程，为企业节省交易管理的成本，降低财务风险。区块链与财务共享服务的结合主要应用场景如下。

有多个参与方的交易：在智能化财务共享服务中，财务共享向前延伸形成采购共享，向后延伸形成税务共享，并将供应商管理、税务管理纳入共享范围。当交易参与方包含多个供应商、客户、监管机构以及可能涉及的税务机构时，运用拥有去中心化特征的区块链技术将是一个能够提升交易管理效率的解决方案。

需要长期保存记录以供合规监管的交易：很多大型交易不是一次就可以完成的，需要在较长时间内创建和维护。区块链能够提供相对理想的解决方案，通过记录交易情况，为持续的合规管理提供可靠的资料。财务共享加载区块链技术后，能够保证财务、业务信息真实准确，无法被随意篡改。

需要马上支付或转移资产的交易：很多跨境的贸易融资和供应链融资，需要保证交易的公开透明，并且需要快速到账，区块链可以帮助达到这个目的。消除支付周期和资产转移滞后的情况，有助于财务共享中心在财务处理流程降本增效，提高流程处理精准度。

4. 人工智能

从 AlphaGo（阿尔法围棋）成为第一个击败人类职业围棋选手、第一个战胜围棋世界冠军的人工智能机器人开始，人工智能（Artificial Intelligence，AI）的概念就被应用至生活的方方面面，如指纹解锁、图像识别、语音转换文字、机器人看病等。通过字面意思，我们知道人工智能是让非人类的事物学习人类的一种模式，从而让一个非人类的事物变得像人类一样有智慧，其涵盖范围非常广。目前在财务领域，我们一提到人工智能，更多的是在指机器学习。

机器学习是人工智能的一个子领域，它是一种统计学习方法，用来训练具有大量数据的模型。该模型从已知数据中"学习规则"，并自动更新模型中的相关参数。经过训练的"规则"和"模型"可用于预测显示世界中的未知数据，这其实就是我们常说的"优化算法"。

机器学习的主要分为监督学习和无监督学习。

监督学习是给计算机输入拥有特征和标签的数据，让计算机通过某种预设算法找到数据特征和标签之间的联系的方法。接着，计算机通过大量的训练，优化算法，让算法接近百分之百准确。未来只要给出拥有特征的数据，计算机就能准确给出它们的标签。监督学习适用于解决预测目标值的问题，给出一个问题，让计算机给出答案。

无监督学习是给计算机输入只拥有特征而无标签的数据，让计算机根据数据的特征进行数据分类的方法。在这个过程中，计算机自己总结规律即算法，也可以通过某种方式验证并优化算法。无监督学习适合用于解决分类问题。

我们看到人工智能能够帮助人类解决的大都是有丰富数据量、重复性高、规则化程度高、标准化程度高的问题。同时我们已经了解到财务共享中心将企业重复性高、业务量大、标准化程度高的财务业务集中处理。经过流程再造后，财务共享中心中需要处理的大都是标准化业务，企业可以利用一定的规则进行流程控制。由此可见，财务共享服务为人工智能提供了很好的应用基础。

财务共享服务中应用人工智能技术的主要场景如下。

财务机器人完成财务流程作业：2017 年 5 月，德勤的财务机器人"小勤人"刷爆朋友圈，随后，普华永道、安永、金蝶纷纷推出自家的财务机器人。财务机器人能够自动化处理下列财务流程：付款和发票处理、供应商简单查询管理响应、费用审计、订单管理、通过外部信用评级机构定期进行信用检查、财报生成、绩效报表制作、数据有效性验证等。财务机器人的应用消灭了财务流程中高度重复的手工操作，提高了效率，降低了手工操作差错率。

OCR 文字识别：在财务共享系统引入影像管理系统后，很多纸质业务单据、合同、发票都以影像的方式储存在共享中心，并以影像的方式流转辅助审批。这些业务单据和发票中含有大量有价值的业务信息，但是手工将信息录入系统效率低下，差错率高。OCR 技术是一种通过光学输入方式将纸质文档上的文字转化为图像，再利用算法把图像信息转化为可以用电子设备进行编辑的文本信息的技术。这种基于深度学习平台开发出的图像转文本的技术成为共享中心信息电子化的关键，有效减少了人力、物力的浪费，降低了运营成本。而且随着 OCR 的识别正确率越来越高，大量的结构化数据和非结构化数据为共享中心的数据基础建设提供了支持。

　　语音识别和知识图谱：财务共享系统使用语音识别技术后，可以通过收集和分析业务人员的语音指令自动完成业务操作。例如业务人员说明天订从北京到上海的机票，系统就可以自动识别语音，筛选出机票信息，甚至可以自动填写出差申请单。而当财务共享系统使用了知识图谱技术后，管理者可以通过语音输入一条单据控制规则，系统可以自动识别并利用知识图谱技术分析生成新的规则，添加到财务共享系统中。利用知识图谱和语音识别，让系统理解管理者的意图，使管控更加智能。

1.4 财务共享新篇章：业财税深度一体化的智能共享中心

如今越来越多的中国企业已经建立了财务共享中心，基于标准化、流水线的作业模式对财务会计工作进行了集中式处理。很多企业认定财务共享能带来组织变革和财务转型，同时还有很多企业将其作为强化管控的有力工具并寄予厚望。然而，共享中心在实际应用中往往成效不达预期。建立了财务共享中心之后，尽管有好几百人集中处理各种单据，却依然忙不过来，甚至人员和成本不但没减少反而增加了。在建立共享中心之前报表出不来，建立共享中心之后报表仍然出不来，即使是加班加点做出来的报表，对企业的规划、决策、控制、评价以及价值创造方面的作用依然不大。

业财税深度一体化的智能共享中心是传统财务共享在"互联网+"时代转型的结果，其本质是基于新一代的信息技术，实现对企业更广泛业务（从记账、算账到报账、采购、税务等）的数字化，并对企业财务体系、业务流程、商业模式进行颠覆性的升级。

如图 1-12 所示，基于业财税深度一体化的智能共享中心包括传统财务共享中心的所有模块：以传统财务共享为出发点，包括费用管理、资金管理、应收、应付、总账管理、预算执行等核心模块，以及一系列运营支撑体系以及底层基础平台。同时，它将共享从传统财务会计的记账算账领域向业务端进行延伸，包括采购共享、财务共享和税务共享系统，智能技术引擎作为技术支撑贯穿于整个流程。

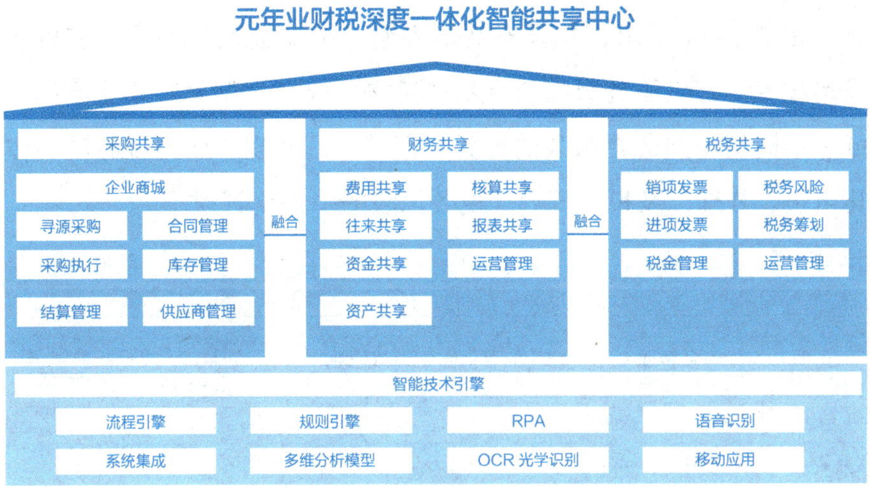

元年业财税深度一体化智能共享中心

采购共享		融合	财务共享		融合	税务共享	
企业商城			费用共享	核算共享		销项发票	税务风险
寻源采购	合同管理		往来共享	报表共享		进项发票	税务筹划
采购执行	库存管理		资金共享	运营管理		税金管理	运营管理
结算管理	供应商管理		资产共享				

智能技术引擎			
流程引擎	规则引擎	RPA	语音识别
系统集成	多维分析模型	OCR 光学识别	移动应用

图 1-12　元年业财税深度一体化的智能共享中心

如图 1-13 所示，在采购共享方面，借助成熟的电商平台实现对企业差旅服务、办公用品、公务用车、内部资源和大宗商品的在线采购，使财务数据和业务数据融为一体，消灭信息孤岛，从而确保交易的透明化和数据的真实化。

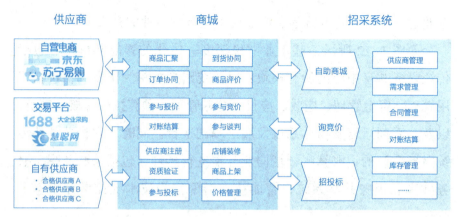

图 1-13　采购共享

如图 1-14 所示，在税务共享方面，借助金税三期平台和电子发票技术，打破税务数据与交易的壁垒，改变大型集团企业不同地域、不同组织间各自为政的税务处理模式，实现集团内税务的一体化申报、处理以及税务筹划、税务风险的一体化管控。

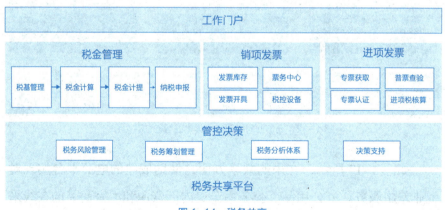

图 1-14　税务共享

在智能技术引擎方面，智能共享中心借助机器学习、语音识别、规则引擎等人工智能技术，实现会计核算流程的自动化，大幅提升会计处理的效率。

智能共享中心从深层次上颠覆传统财务模式的具体表现如下。

1. 实现财务流程自动化

智能共享中心集中了海量结构化、规则导向、可重复的工作任务，这些工作的技术含量低，却占用了财务人员大量精力和时间。例如在财务结算流程中，经常会有十几个甚至上百个需要执行的小任务，并且每项任务之间环环相扣。此外，财务部门处理发票时，工作量极大又烦琐，需要进行长时间的复核工作，以防出现作业失误的情况。

基于智能共享中心的机器人流程自动化（RPA）系统，企业可以将传统财务共享中心最枯燥的工作自动化、机器人化，重构和削减大量财务流程。例如资金收复、自动纳税申报、自动对账清账、表单审核、发票处理、报表自动化、工资核算、费用报销审核、凭证打印、业财数据传递、数据智能采集等基础工作均可以由 RPA 全天 24 小时自动完成。

2. 实现财务处理电商化、数字化

基于智能共享中心，企业可搭建在线"消费商城"，将差旅服务（携程、艺龙等）、办公用品（京东、国美等）、公务用车（滴滴、神州等）、大宗采购以及内部资源采购"互联网化"，并与共享服务平台紧密集成，实现企业消费业务和采购业务的自动化结算。同时基于电子发票信息，打破税务数据与交易的壁垒，实现自动化的会计核算。

在商旅共享系统中，企业可实现对差旅行为的事前管控，过程的透明化和自动化对账、结算；在采购共享系统中，企业基于采购

的"互联网化"，打破了原有以基层单位为边界的业务内部循环，大大提高了采购业务管理的集约化程度，达到"一点结算、一点支付、一点核算"；税务共享系统可以全面支持发票管理、纳税和自动申报，大数据税务风险及筹划，企业可实现税务数据信息的集中，达到"一点开票、一点算税、一点看税"。

基于智能共享中心，企业得以将外部的供应商、客户、分销商、经销商、税务和内部的人、财、物等资源配置在一起，打通内外，回归以交易管理为核心的企业运营本质，颠覆和重构传统财务处理流程，实现交易透明化、流程自动化和数据真实化。本质上，企业也实现了财务处理的数字化。

3. 实现数据资产化

企业在日常经营中会产生大量数据。过去这些数据杂乱无章、口径不一、质量参差不齐，数据价值难以被挖掘和释放。而基于智能共享中心，企业能够从交易源头上实时获取到内部各单位和外部供应商、客户间的真实、完整、准确、口径一致的财务和业务数据。通过利用数据捕获、数据智能解析、数据挖掘、数据治理、数据可视化展现等技术，管理层可以进行战略、经营管理决策，而且可以基于可视化报表实时指导业务场景、控制业务风险、支撑业务发展。

在日常生活中，大数据分析技术被广泛应用。例如，用户在访问淘宝、京东时，电商平台会实时记录用户的访问记录并将其传输至后台，后台会迅速进行大数据分析并反馈回前台界面，实时为用户进行个性化的商品推荐。而智能共享中心，同样可以对业务数据进行实时记录和传输，并基于大数据分析为业务端提供场景化、可视化的业务分析报告，让数据真正为业务赋能。

4. 实现管理智能化

随着人工智能的深度发展，机器学习、嵌入式分析、数字助手、语音识别、图像识别等智能化技术纷纷落地共享系统，使系统变得越来越"聪明"。

系统可以"看"。当对一张发票进行 OCR 扫描时，系统会将财务人员关注的信息导入台账，并对这些信息逐一验证。如果此时员工重复扫描这种发票，系统会提醒员工；如果员工扫描其他公司的发票，系统也会立刻提醒员工。针对通过验证的发票，系统可以迅速将票据上的结构化信息提取出来以帮助员工完成智能填单。

系统可以"听"。人工智能技术可以实现人机互动。例如，管理层通过语音输入指令，系统接收指令并转换为计算机语言，其理解之后会对管理层的要求进行反馈。

系统可以"思考"。如果员工担心项目合同付款跟踪信息、供应商付款信息、客户开票回款信息有误，可以安排系统快速通过移动化的方式实时开展"健康体检"，实时发现指标的异常，并层层追溯直至找到问题根源。

系统可以"学习"。基于知识图谱的智能财务规则引擎使系统能够快速创建规则。例如，管理者发现项目分摊有问题时，可以立即创建一条新的单据控制规则，并用自然语言告知系统，系统会自动识别、创建并保存这一规则，员工再次提交单据时，就会收到新规则的提示。

第 **2** 章

财务共享篇：
标准化流程＋
自动化处理

2.1 端到端流程自动化的应付共享

　　财务共享中心建立后，应收组和应付组都是人员较多、工作量较大的部门。应收组承担着整个集团及分子公司的开票、回款、核销、催收等工作，而应付组通常会为几十家法人实体或分支机构提供应付（AP）、总账（GL）、应收（AR）、费用等会计服务。

　　通过采用端到端流程自动化解决方案，企业可以实现应收和应付业务的自动化处理，从而实现业务流程的明显优化，显著提高业务的完成效率和完成质量。应收和应付业务的流程基本相同，本节以应付业务为例，使大家了解共享中心应收应付业务自动化的实现流程。

2.1.1 应付管理难题

　　如图 2-1 所示，传统的应付管理流程可以归纳为：供应商开票

→邮寄发票→企业财务处理→通知银行集中支付。

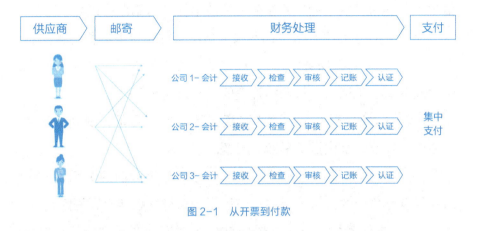

图 2-1　从开票到付款

首先，供应商开具相应的增值税发票，并分别邮寄到企业集团下属各分、子公司，分、子公司的会计人员接收发票后，需要进行检查发票真伪、审核发票、财务记账、发票认证等财务处理流程，最终通知银行集中支付货款。

从开票到付款的全流程中，对海量发票的处理是财务共享中心面临的巨大挑战：传统的发票处理方式是将纸质发票上的数据手工录入财务应用系统，这不仅费时费力，而且数据核对容易出错，难以保证数据质量，是一项低效且极耗内部资源的作业；月末大量纸质发票来不及录入系统，导致应计负债不准确；供应商争议无法及时记录、反馈，造成废票、错票引起的业务延迟和成本增加；一旦出现差异，企业内部的及时沟通存在困难，基本靠人工驱动，造成信息不连贯，处理缓慢；人工核对发票、订单（PO）和入库单（GR）的工作量巨大，核对容易出错、效率低下，处理不及时。

手工录入发票信息会给企业带来严重的风险，信息可能不完整且不准确、任务耗时且效率低下，以及操作中解决方案可能出现分散现象，从而导致企业财务业务可见性不佳且易暴露在风险中。

应付（AP）每个环节上的相关人员也会面临以下一些问题。

（1）公司首席财务官（CFO）：公司的采购成本、财务费用和管理成本高于预期，应付账款管理的成本过高等问题。

（2）财务分析专员：面临对资金流出预测不足，现金折扣利用率低，导致资金供需不平衡等问题。

（3）采购专员：有支付货款不及时，与供应商的关系不好，对获得有竞争力的价格、折扣、信用评级和付款条件不利等问题。

（4）应付账款专员：有超过 50% 的时间解决异常情况，如处理重复发票、处理数据错误发票、响应供应商的电话查询和应对抱怨等问题。

（5）财务会计：面临跨部门调节发票，难以及时准确地统计应计负债和预测资金流出的问题。

2.1.2　端到端流程自动化

针对公司日常经营中遇到的应收和应付问题，企业可以使用基于光学字符识别（OCR）、供应商门户和工作流技术的发票管理实现从供应商对账、发票扫描识别输入、三单校验到审批、记账的自动化、增值税（Value Added Tax，VAT）发票网上集中认证等技术来优化流程、提高工作效率。

如图 2-2 所示，针对低效易错的传统应付管理模式，新技术催生的端到端流程自动化系统采用 OCR 扫描识别技术，可确保文字识别率高，减少信息错误风险，发票信息电子化也可提高业务处理速率；系统可以自动对接供应商门户，完成对账，付款过程透明可查；系统采用发票自动校验和工作流技术，可以自动分配任务，降低人工匹配所带来的失误；系统可以实现发票集中认证，在共享服务中心一个点完成全国所有发票认证；系统采用发票抽取技术，可支持抽取不同开票系统的开票数据；系统还设置票据影像管理平台，利用大数据、云技术存储大量影像数据，降低信息储存成本，提高储存安全性。

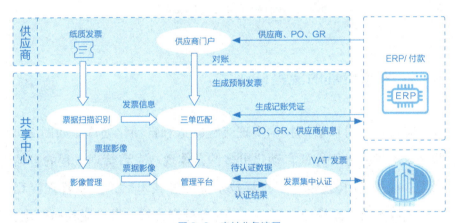

图 2-2　应付业务流程

如图 2-3 所示，企业在应付业务流程中采取端到端流程自动化系统后，相对于传统的应付管理，将会发生以下变化：流程的步骤显著减少，业务流程优化明显，自动化程度显著提升，工作效率也显著提升。

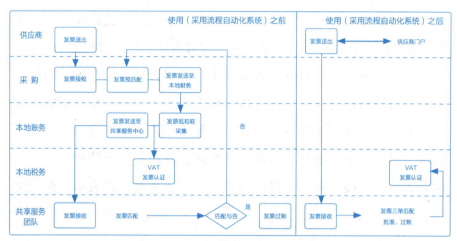

图2-3　使用系统前后的应付业务流程对比

2.1.3　发票管理的流程自动化

应付业务可以借助技术实现流程改造和自动化处理。如图2-4所示，应付业务管理的自动化更多的是体现在发票管理流程的自动化上。应用OCR技术、工作流技术等先进技术后，发票管理流程从业务流升级为系统流，摆脱手工业务处理方式，操作流程标准化、自动化。系统自动完成发票检查、提取信息录入系统、三单匹配等工作后，会计人员可以根据发票影像的提取信息在线审批记账、付款和进行税务认证。共享应付业务管理流程还可以规定异常发票处理标准流程，使系统可以自动按标准流程解决异常发票。流程的标准化和自动化，减少了财务人员的工作量，提高了业务处理效率。

图 2-4 应付业务流程

自动化的发票管理流程有以下 11 个特点。

（1）自动对接供应商服务门户。供应商可以抽取并批量上传开票机的电子发票，从而减少手工录入发票的工作；导入 ERP 的供应商基本信息以及对应的 PO（订单）、GR（入库单）文件，由供应商完成纸质发票对应的相关 PO、GR 信息，完成对账工作；通过自助服务的方式跟踪发票状态、付款和信用，从而减少电话、传真、邮件查询；供应商可以向财务共享中心发送查询请求，协同处理发票相关的争议；供应商可以调阅发票原始影像，帮助买卖双方实现更有效的沟通。

（2）发票扫描。财务共享中心扫描供应商开出的发票，将发票影像保存至文档影像服务器；能够对图像进行高比例的压缩处理；财务共享中心支持各式扫描仪，特别是高速扫描仪。

（3）发票 OCR 识别。发票 OCR 识别系统能自动读取发票影像并准确识别增值税专用发票、普通发票、运输发票等多种发票（识别率能达到 90% 以上，这里讲的是整张通过率，即 100 张发票能保证 90 张以上识别无误），在 ERP 系统中生成电子发票；支持多

线程 OCR 识别，因为共享服务中心发票多，扫描仪速度快，OCR
速度需要做到和扫描速度基本同步；和扫描模块实现异步处理，
即 OCR 识别程序在运行时不影响扫描发票工作。

（4）自动三单匹配校验。如图 2-5 所示，系统按照预定义规
则对发票进行校验，对于物理发票号、公司代码、供应商、税率、
货币等出现不一致的发票，或者是重复发票、合同无效发票、价格
或数量存在差异的发票以及无法匹配采购订单行项目的发票，系统
不予通过。

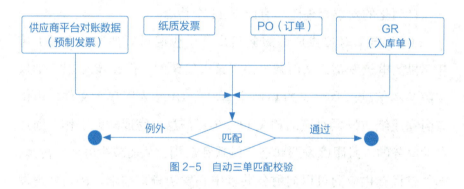

图 2-5 自动三单匹配校验

（5）异常处理。如果出现匹配异常，以及客户争议、例外处
理等情况，工作流将自动通知相关人员做进一步检查，并显示在待
办工作界面、手机短信、微信、邮件等中以提醒相关人员。

（6）审批。发票校验完毕后，工作流会自动将发票发送到主
管环节供主管批准，主管可以通过网上审批或其他方式审批。

（7）自动记账。主管审批完成的发票将自动在 ERP 系统中记
账。付款：ERP 记账后，工作流会自动将环节流转到付款专员处，
待付款专员确认后，和资金管理系统或网上银行对接，完成给供
应商付款的环节。网上集中认证：先由相关人员统计好收支情况，

再确定这个月需要抵扣认证的金额、需要认证的发票。

（8）发票认证。操作人员可以灵活地选择待认证发票数据，系统根据配置，将待认证发票数据发送到相应的税务局进行发票认证，并接收认证结果，更新到集中认证系统中。

（9）数据导出。通过认证结果文件下载方式将认证结果导出。

（10）查询统计。操作人员可以方便地对认证情况进行汇总统计，并查看发票详细信息。

（11）调控暂缓。对一些特殊发票，操作人员可以进行标示隔离，本日或本月可暂时不进行发票认证。

2.1.4　T 集团财务共享系统应付模块展示

1. 应付业务范围

如图 2-6 所示，T 集团财务共享系统应付模块包括订单采购、业务处理、发票处理和采购付款等四大业务范围。

订单采购包括采购价格审批、实际采购审批和非采价格管理等。非采价格管理主要涉及非采价格审批，非采价格审批由非采专员发起，是对在特殊类型物料采购前，先对其进行询价、议价的报价价格审批。

业务处理包括日常应付业务账务处理、应付付款账务处理、应付清账、供应商对账、应付账龄分析等。以日常应付业务账务处理为例，业务会计或共享应付会计提取应付报账单，对日常产生的应付账款进行账务处理，如返利、赔偿、缴纳进口关税等。

发票处理包括发票真伪性认证、发票校验与实物发票保管。发票的真伪由共享接单员在线下手工鉴别；发票校验由共享应付会计在核算系统上针对采购订单、收货单、发票进行三单匹配；发票入账后，则由共享档案组进行线下实物保管。

采购付款包括明细付款、预付款和余额付款。以明细付款为例，业务员按照应付账款的明细在共享平台界面上勾选后，再按照合计进行付款。

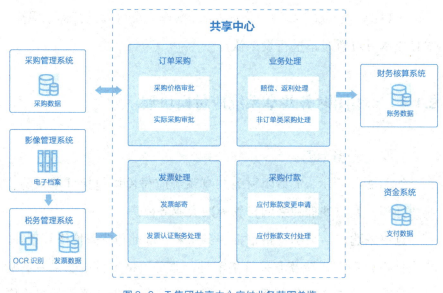

图2-6 T集团共享中心应付业务范围总览

2.应付业务流程

在共享前，T集团供应商开具发票，集中发起付款、审批与付款记账等工作都是手工完成的，并手工清账。共享后，T集团供应商手工开具发票，集中发起付款、审批与付款记账都是共享中心完成的，并且共享中心能自动清账。

　　共享后，发票校验的工作由当地财务转移到共享应付组；付款申请由各业务中心采购员在共享中心中根据企业管理解决方案（System Application and Products，SAP）中该供应商的当前余额进行付款，即可付额度小于等于当前供应商余额合计；业务财务负责对每笔付款业务进行审核；由于财务共享，资金账户上收付款由共享资金组最终完成付款；对于满足系统清账规则的付款，由共享中心和 SAP 系统自动完成清账；其他特殊付款由共享应付组手工在月底一次性清账。

3. 系统实现思路

　　以应付账务和明细付款流程为例，总结 T 集团应付共享系统的实现思路。

　　当发生应付账务时，当地财务在共享系统中填写应付账款报账单，经业务领导审批后，由共享应付会计记账处理。

　　当发生明细付款时，先由采购员按照预先分配好的权限同步核算系统中对应供应商的应付明细数据；在共享平台界面上勾选对应要付款的明细后，单击生成支付通知单按钮，系统自动创建单据，并进行自动校验，以确保本次付款金额未超过可付款金额；单据提交后，系统自动减少对应明细的可付款金额；当支付通知单提交成功并且经过业务领导、财务领导审批后最终会在资金模块生成建议支付的金额，由资金模块按照实际付款金额安排进行付款并且生成付款凭证。

2.2　中央处理器式的总账模块

在企业财务共享中心中，总账模块是企业财务系统的核心，它和企业的应收流程、应付流程、固定资产、成本管理等流程都有着直接的关联。

相较于应收、应付、固定资产等由业务驱动、侧重于在业务过程提供共享服务支持的相关模块，总账模块更多侧重在会计处理业务流程中提供支持。由于会计核算是规则性较强的工作，分散的会计核算业务往往最适合被整合为标准化模块。因此，在总账模块中，从财务人员进行记账凭证编制、财务信息的生成、月末自动记账和月末过账，到最终报表的产生，自动化技术都被广泛应用。

2.2.1　总账模块的流程难点

总账模块提供了一个完整的财务管理核算及分析流程，是企业所有业务的最终的财务反映。总账模块与其他模块之间建立有方便的接口，从而保证账务运行的通畅和不重复。一个公司或组织的制造系统、项目管理系统、人力资源管理系统、客户关系管理系统等各个系统，都可以通过总账模块实现信息的共享。

在企业财务共享系统中，由于总账模块和传统会计业务结合最为紧密，对此模块流程的理解，有助于从相对宏观的角度了解整个共享服务流程。通常而言，总账模块的流程包含以下几个环节，如图 2-7 所示。

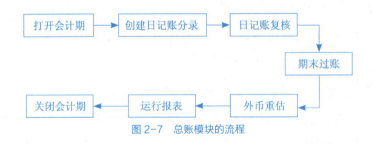

图 2-7　总账模块的流程

总账模块就像是企业会计信息的中央处理器，应付、应收、固定资产等业务处理的最终结果都会反映到总账模块的流程中，这也使得总账模块作为综合的财务管理解决方案，具备了强大的功能。这些功能主要包括以下四个方面。

一是信息访问。总账管理系统是企业的财务信息存储库，通过联机查询或使用报告和分析工具，企业可以轻松访问存储在总账管理系统中的信息。

二是会计信息处理。例如，企业可以更正实际、预算和保留款信息，重估和折算用外币表示的余额，合并多个账套的余额等。

三是数据收集。总账管理系统主要收集来自应收、应付等各业务处理流程中的相关信息和数据。

四是财务报告出具与数据分析。在企业财务核算系统中，总账模块作为核心，和应收、应付、成本、固定资产等各个模块紧密相连。月末，各模块记账数据通过过账的方式传入总账模块。企业据此可进行财务报告出具和数据分析等工作，以帮助企业内外人员进行决策。

总账模块和报表业务在流程设计中应遵循以下七大原则。

（1）财务核算共享中心设置总账组、单体及税务报表组、合并报表组，并按法人进行工作分工。

（2）账务处理应遵循 GL-1 平账管理进行操作，不允许直接登录 ERP 总账模块系统进行记账。

（3）财务人员填写报账单时，应提供真实、完整、与报账内容相符、符合公司会计核算制度的原始支持性附件。原始支持性附件分为纸质文档和电子文档。若只涉及电子文档，财务人员将电子文档上传；若除电子文档还涉及纸质文档，并且需要领导审批签字表等，财务人员需要先获取纸质文档的电子版本（如照片、扫描件等）并上传。

（4）更正凭证通过总账报账单的调账功能实现，原则上是先将已入账的错误凭证通过总账报账单冲销，再根据调账类总账报账单的正确报账信息重新记账。

（5）总账报账单、预提费用报账单、工资薪酬计提报账单以及工资薪酬报账单必须得到恰当的授权审批（走相应的审批流程）；报账人与记账人的职责分离，由共享中心财务会计提报的报账单，须由另一名财务会计记账；共享中心总账组每月（如每月 25 日）

先冲销上月预提的费用，然后再开始处理各公司当月提报的预提费用报账单（如从 26 日起），并在月底结账前（如 28 日）完成预提。

（6）财务共享中心的关账流程应严格依照下发的关账清单执行；ERP 总账模块财务账期一旦关闭，一般不允许再打开进行调账。

（7）当地人力资源部门负责发起和填报工资薪酬计提报账单和工资薪酬报账单。

2.2.2　总账模块的自动化解决方案

如图 2-8 所示，总账模块的业务范围一般包括凭证管理、费用预提、冲销与摊销、工资薪酬、关账、报表等主流程，每个主流程下又分为几个子流程，如凭证管理下包括系统凭证生成和手工凭证生成两个子流程；工资薪酬下包括工资薪酬计提、工资薪酬支付、工资薪酬冲销三个子流程；报表流程包括单体报表生成、合并报表生成和管理报表生成三个子流程。这些流程一般具有固定的操作步骤和操作规则，因此可以在系统辅助下实现自动操作。

以凭证生成为例，在财务核算系统中，总账模块和应收账款、应付账款、成本管理、固定资产等各个模块紧密相连，这些模块在进行业务处理的同时会采集财务所需的基础信息，由业务信息产生的数据，会自动对接至财务核算系统。由于相关会计分录的编制规则已经被人为定义好并被输入系统中，所以相关信息数据在传递至总账模块时，这些信息会按照既定的规则形成记账分录，而不再需要人为的判断和操作。

图 2-8　总账及报告共享业务模块功能

　　在费用预提、冲销及摊销流程中，费用预提流程包括月末准备费用预提申请材料、各级责任人审核费用预提申请材料、编制预提费用明细表、填写并提交预提费用报账单、审核入账；预提费用冲销流程包括月初查询预提费用台账、预提费用冲销处理；费用摊销流程包括费用报销、月末查询摊销费用台账、待摊费用摊销处理。无论是费用预提还是费用摊销等，均都可由系统自动完成。

2.2.3　某饲料企业的总账模块自动化案例

　　以某饲料企业为例，由于该企业业务板块较多，产品线较为复杂，其总账流程面临具体场景梳理的不可穷举性、业务规则的复杂性等问题，特别是与分、子公司的协同关账问题难度较大，如果流程设计复杂，单据量将显著上升。

　　该企业项目组结合财务中心前期标准化项目的推进，设计了 22 张总账单据，基本囊括了集团总部与饲料板块的所有总账业务。这些单据业务覆盖面较广，从传统的待摊、预提、集团化业务统一处理到行业化业务处理（如食堂损益核算）等均做了全面管理，且这些单据由总部统一处理。一张单据能够体现所有共享上线公司信息，如期权费用、审计费用、咨询服务费、内部往来结转、内部计息等。同时，审计调整事项由核算组织统一处理。

其基本设置原则主要包括以下三点，一是账务处理相对固定，且普遍应用的业务单独设置流程、表单，各核算单位分别发起流程；二是数据源统一的业务单独设置流程及表单实现核算共享，由归口部门统一发起；三是核算不固定且发生较少的业务，通过其他总账凭证处理申请流程实现，实现从流程推送凭证到总账。

在实际操作中，自动化手段的应用，使得总账核算显现出极大的便利性。非 SAP 人员在单据填写过程中，可不受制于 SAP 规则的困扰，同时可进行集团化业务的统一处理，实现关联业务多边处理入账。基于规则映射的应用在总账中体现得淋漓尽致：通过业务场景细分，映射相应的核算信息，可实现共享凭证自动化，在途单据预提、摊销业务等通过台账自动处理，预提自动冲销。

在关账应用方面，从月末预提的自动化到共享系统账期管理，从与 SAP 月末关账的协同到与分、子公司会计分工，项目组均做了相关的界定，这为该企业实现规则化关账奠定了良好基础。

2.3 可视可控的资金管理

企业管理的核心在于财务管理，财务管理的核心则在于资金管理，这决定了资金管理在企业财务共享中心中占有核心的位置。从企业集团业务发生到财务入账、支付、凭证归档的整个过程中，资金管理业务是财务共享中心整体业务中最主要的内容之一。

得益于信息技术的快速进步以及互联网金融模式的日益成熟，企业资金管理模式正在发生深刻变化，企业资金收付管理流程不断优化，企业资金管理日渐可视、可控。技术的快速进步，正在对共享模式下的资金管理在功能实现上，提供越来越多的可能性。

在企业共享中心中，资金计划管理和资金结算是企业资金管理系统自动化程度较高的两个功能模块，而银企直联、资金自动对账等技术在资金计划管理和资金结算等模块中的运用，充分体现了信息技术进步对于企业资金管理所产生的影响。

2.3.1　可控的资金计划管理

资金计划管理模块是资金管理平台不可或缺的重要功能，它主要提供资金计划上报、资金计划审批、资金计划配置、资金计划分解等系统功能。资金计划管理模块通过和预算管理系统关联，可获取企业年度、月度资金计划数，便于集团管理层了解整个集团层面或者下属二级单位或部门在未来一段时间的资金收付情况，以及时在系统外做出管理决策；通过和网络报销系统以及 ERP 核算系统的关联，资金计划管理模块可获取资金计划实际执行数，完成对企业每一笔业务、每一笔资金的填报、控制、发生、记录等全过程的跟踪，实现"事中控制"；通过资金计划的分析和预警，资金计划管理模块可完成对资金来源和资金使用情况的多角度分析，帮助企业提升决策能力，增强企业竞争力。

以某饲料企业为例，资金计划管理是该企业资金头寸安排的重要依据，计划的准确性、及时性有利于企业资金的成本最小化、收益最大化。在财务共享项目启动之前，该企业一直致力于将周计划与日计划结合的方式从线下搬到线上，但碍于企业原有的资金系统无法很好地支撑该项目，一直未彻底解决此问题。然而，在对共享项目进行了探索创新后，资金计划管理很好地解决了资金计划过程管理与考核的难点。主要表现在以下 4 个方面。

一是以周计划、日计划为管理手段，贯穿资金计划全循环：编制—审批—执行—调整—反馈，实现计划申报、审批、执行的时间性标准统一。

二是适应实际业务场景的复杂性。项目组通过众多场景（资金不足、单据调整、采购集中支付三大场景）讨论分析设计形成业务方案，针对集团计划调减、需求方计划追加系统化解决方法。

三是资金计划与资金支付的关系得到很好的解决。共享结算组可以完全根据资金计划付款，很好地解决了共享结算组管控及执行的操作性风险。

四是提供资金计划的事后偏差率分析信息，实现资金计划偏差率评估标准的统一。

2.3.2　智能化的资金结算

资金结算（包括对外结算与对内结算）是财务日常工作的重要内容之一，也是企业自动化程度较高的财务流程之一。在财务共享服务模式下，企业通常采取统筹资金计划、集中结算的资金结算方式。

以应付流程为例，应付流程是共享服务中实施最为广泛的业务流程，这与其自身高度标准化且有大量业务量支撑的特点相一致。应付流程主要解决面向公司内外部供应商的费用报销及货款或服务支付的问题。以采购结算共享为例，在传统模式下，通常一个完整的应付账款流程是：采购部门根据业务规划制定相应的采购计划→采购部门根据采购计划，选择供应商→确定供应商和采购物品型号等信息后，采购部门与供应商签订购销合同→供应商根据购销合同内容，及时将货品发出→物控部门收到货品后，及时验收并进行入库操作→物控部门将相应入库资料扫描上传至业务系统内→业务系统内信息传送至财务系统后，财务部门根据影像资料进行审核，并在财务系统内登记入库明细资料→财务部门在财务系统内根据入库明细资料，编制相应应付台账→采购部门向供应商索取发票→取到发票后，采购部门提交付款申请→总经理室对付款申请进行审批→审核通过后，由财务部门对付款信息进行审核，确认无误后进行支付处理。

随着技术手段的逐渐成熟，企业的上述采购结算流程正在日益变得自动化和智能化。如图 2-9 所示，当下企业通常会在财务共享中心或者费用管理系统之上搭建企业商城，企业在采购时，商城内不仅有京东、苏宁等电商平台，也支持接入企业通过招标确定的材料、服务等私有供应商。供应商把商品和服务按协议价格发布在商城上，企业经过比价选择、预算审批等完成下订单等环节。此时，订单会按物资提供方的不同自动分解并分发，到货签收或者服务确认时会按规则自动确认接收。

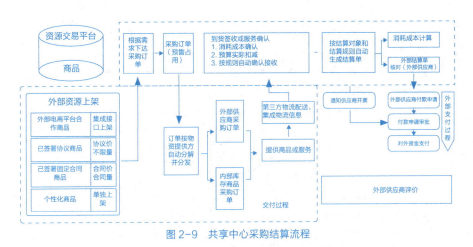

图 2-9 共享中心采购结算流程

在此模式下，资金的结算模式也是自动的。结算时，系统按结算对象和结算规则自动生成结算单，并自动进行订单状态的核对。供应商在系统内核对清单、开具发票，通过与税务平台的数据对接，平台自动获取发票全票面信息。系统同时会将付款信息转换为符合网络银行接口标准的支付数据，通过网络银行或银企互联的方式完成支付。

　　企业在结算过程中，通常还会遇到信息出错重复支付、紧急支付等情况。再以某饲料企业为例，如图 2-10 所示，该企业的资金支付的自动化应用将日常及特殊场景相结合，适用正向及逆向等多种付款场景，支持企业日常资金支付的自动化应用。对于付款类业务，该企业财务共享项目的资金支付是通过生成支付建议推送至企业原有的 GS 资金系统，由资金系统统一支付。财务共享系统起到了一个事前控制、事后跟踪的作用。支付建议与资金系统相互映射配置，使得支付建议不仅能满足该企业对资金计划管理的要求，同时也能满足 GS 资金系统支付的场景。

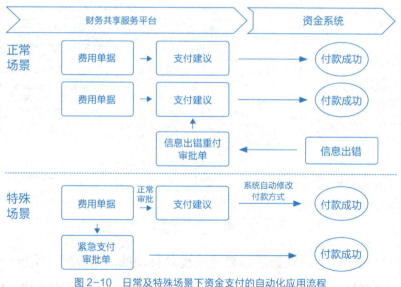

图 2-10　日常及特殊场景下资金支付的自动化应用流程

　　由于该饲料企业资金类映射较为复杂，在系统前期测试中，频繁出现因资金类映射缺失或有误导致的支付建议未生成等情况。为解决该问题，该企业做了以下工作：一是当单据最后一个审批环节提交单据时，提示无法生成支付建议；二是单据无法提交时，系统会自动通知系统管理员及申请人；三是处理完毕后，系统管理人通知最后环节审批人再次进行提交，生成支付建议再继续资金支付流程。

这样的处理方式，既减少了产生无效支付建议的机会，同时又能保证单据无须反复签核，提升效率，还可以自动、及时提醒系统管理员及时了解问题，缩短响应时间。

此外，该企业还会经常出现一些紧急付款申请流程。由于这些流程针对特定业务，既要保证资金支付的及时，同时也要保证企业的审批授权、风险控制的执行。为此，该企业进行了以下创新。

其一，紧急付款流程被发起后，系统会自动将信息记录在紧急付款台账，便于管理人员随时了解紧急付款情况。

其二，共享财务人员在审批单据时，需及时在紧急付款台账上登记原单据号，保存后，系统将原单据的付款类型自动改为"后补不付款"，原单据仍继续签核，生成支付建议，但 GS 资金系统不再支付。

其三，共享财务人员需在原单据审批完毕后将单据状态、完结日期在紧急付款台账上进行登记，形成对整个流程的全面记录，便于发现异常，及时管控风险。

而在信息出错重付流程上，为简化信息出错重付的流程、改善客户体验、保证资金安全，该企业对信息出错流程进行了以下创新。

其一，重新设计信息出错重付审批单，单据在资金支付台账界面，通过选择单据进行发起，对发起条件（支付失败、支付成功、传递 GS 系统失败）进行限制，并且一条建议仅能被触发一次，保证资金安全。

其二，信息出错重付审批单被发出后，信息自动复制所选单据的付款信息到表单明细区，使流程审批人员能够对付款信息变更前后的内容一目了然；付款区通过权限控制申请人可变更付款信息，既保证能满足业务实现需要，也尽可能地降低风险。

其三，信息出错重付审批单在填写过程中，对付款区增加了确认是否有信息被变更的校验，以减少误操作。

信息出错重付的深入应用，取代了原来的手工发起功能，很好地解决了退回重付的收款凭证入账问题。

该企业财务共享项目在一些结算流程上的创新，从根本上解决了资金计划部署线下沟通的成本及手工录制资金计划并以手工形式下发分、子公司的问题，大量减少了手工维护的成本，资金支付的风险控制进一步加强，单据漏支付、重复支付的审核流程通过自动化进行优化升级，显著提高了流程效率。

2.3.3　深度融合的银企互联

银企互联的实现通常是财务共享服务对资金结算的基本技术要求。在企业常见的付款方式（如柜台转账付款、网银付款和银企互联付款等）中，银企互联付款是最为便捷的模式。

银企互联系统就是将网上银行系统和企业的财务软件系统相连接，从而在封闭通道中进行支付数据交互的系统。企业财务共享中心的银企互联系统，包括银行账户管理、资金转拨管理以及快捷的银行支付管理等功能。

银企互联系统包括两种模式，即银企直联和银企互联。银企直联是由企业提供 ERP 系统的标准接口，银行配合企业客户 ERP 系统进行接口的接入。银企互联指的是由银行提供标准接口给企业，企业按照银行提供的接口标准进行的接入，如图 2-11 所示。

图 2-11　银企互联构架

银企互联系统的实施过程中，重点关注支付信息的可靠性。为配合系统实施，通常需要在网络报账或其他前端系统中存储员工及供应商银行账号信息，一旦前端业务处理环节确定，出纳环节就不可更改，以确保资金安全。

此外，银企互联系统需要和银行签订协议，并在其配合下进行系统实现。因此，系统实施前需谨慎选择一家或多家合作银行，而且在进行洽谈时，需重点关注支付手续费、接口方式以及是否能够实现和银行数据交互等内容。如能进行数据交互，还可以关注是否能够实现与银行间的自动对账等高端功能。

银企互联解决的是企业到银行之间信息传递的问题，实现了企业和银行双方不落地的数据交互，以及高效的支付数据提交、处理和反馈。交易数据通过系统间的有效传递，能使企业集团账户数据更加透明、收付过程有效缩短，资金流向更加精确，同时也能不断提高企业集团内外部客户的满意度。另外，由于截断了人为干预的渠道，资金支付风险也得到有效的控制。

2.3.4　其他资金管理技术

除了银企互联技术之外，在企业实践中，还有一些企业财务共享中心往往会提供更为系统化的功能，如资金的自动划拨、资金凭证的自动生成、来款的智能清分等。

1. 资金的自动划拨

基于系统设定规则，对资金的归集方式，如先横后纵等进行定义，由系统在指定的时间自动完成相应的上划下拨。资金的自动划拨，一方面降低了 FSSC 的日常操作难度，另一方面有效地支撑了企业集团资金池的建立和管理。

2. 资金凭证的自动生成

传统模式下，资金完成结算和划拨操作后，需要手工完成会计凭证的记录。而自动凭证的功能则通过在资金系统中建立会计引擎，根据设定的规则，自动完成结算和划拨凭证的处理，从而有效地提升制证的效率和准确性。

3. 来款的智能清分

通过预先定义规则，对企业收到的来款进行性质识别，如区分是否属于销售回款，再进一步进行客户匹配，使得企业的各项来款能够进行初步清分。依托后续流程的支持，各项来款能够更加快速简单地完成核销等账务处理。

2.4　其他共享模块

2.4.1　费用报销模块

一个拥有众多分支机构的大型企业集团每天可能会处理成千上万笔报销单据，大到员工多日出差的差旅费报销，小到会议室饮用水采购费用报销，种类繁多、金额不定。传统的费用报销流程往往存在以下四点问题。

1. 报销流程烦琐

报销流程通常是先由机构员工填写单据，再经机构主管审批再送回总部交主管和财务审核，最终，出纳人员才会根据审批通过的单据进行支付处理。

2. 大量重复劳动

审批流程结束后，财务人员还要将单据逐一输入企业财务系统中。财务人员的输入和机构员工的填写都属于重复劳动，而且手工填写过程中还会因为人为错误导致不必要的复查、返工。

3. 支付滞后，对账困难

在传统的支付手段下，资金支付受审批流程和财务处理速度的双重制约，滞后于业务的发生。

大量的资金支付会带来更多的对账工作，从而增加财务人员的工作量，提高人为差错率。

4. 费用管理粗犷

领导审批报销单时所需的信息，如部门预算额度余额、每一种费用种类的累计发生额等，如果没有系统支持，很难及时获得，无法实时监控，从而不能做到费用精细化管理。

多分支机构费用管控，单据、发票形式等的不统一会增加审批、记账等后期的工作量，也不利于费用分析的横向对比。

如图 2-12 所示，在财务共享的趋势下，费用报销业务由于业务量大、重复性高、可标准化程度高，成为企业建设共享中心时最为关注的业务模块。目前，已经建设完成的财务共享中心中，超过 80% 将费用报销纳入共享范围。费用共享的建设有助于提高企业日常工作效率、提升报销审批透明度、加强费用的精细化管理。

在共享系统中，费用报销流程打通前端业务发生和后端财务审核记账间的壁垒，系统根据预置的费用标准和预算金额，在费用发生时进行预算控制，经过一系列审批过程后，由共享中心的共享会计统一记账、付款。业务的发生过程也是审批、记账的过程，从而减少重复审批工作量，加强财务与业务的联系。同时，所有的费用发生数据都如实记录在共享系统中，主管可以随时进行费用报表分析，查看部门的预算使用情况，实现事前控制和事后分析。

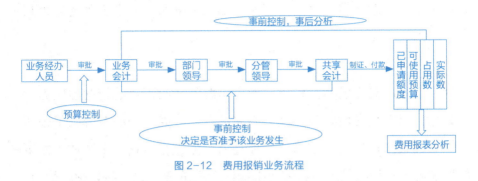

图 2-12　费用报销业务流程

整个费用报销流程可以分为以下六大部分。

1. 分、子公司物理集中接收票据

财务共享中心票据岗在统一接收到票据后，需要对票据进行简单整理，检查票据的条码等相关要素是否完整，并按照票据的制作要求进行质量检查，然后进行归类整理，做好扫描准备。

2. 票据扫描以及处理

票据经过扫描转换为影像存储后，扫描系统将根据分配的条码进行自动分拣，最后将扫描影像上传至服务器。然后，服务器对票据进行必要的处理，包括单据审核与数据录入。

3. 账务处理

操作员将借助业务处理系统形成 ERP 发票信息，并将这些信息导入 ERP 系统中，最终形成账务处理记录。导入前，还需要对发票信息进行复核，导入后需要进行借款核销、中转等后续处理。

4. 银行支付

业务处理系统中的付款信息同样也可以导入 ERP 系统中。ERP系统将这些付款信息转换为符合网络银行接口标准的文件，出纳将此导入网络银行系统，完成支付。也就是说，企业可以直接在ERP系统中将付款信息发送至银行服务器完成支付，避免文件传导过程中的内控风险。

5. 员工支付

流程再造完成后，各分、子公司财务部门不再进行此项业务的处理，而完全交由财务共享中心完成。财务共享中心对分、子公司财务和票据管理人员扫描和处理过的单据进行审核，审核通过的单据才可以进行报销。不再需要报销申请人员亲自到出纳处领取款项，而是通过银企互联系统直接将款项打到报销申请人的银行卡上。与此同时，对报销人员进行信用评级，根据信用评级进行以后报销业务的优先处理。

6. 员工服务支持

费用报销面对的是企业的众多员工，所以，财务共享中心需要提供强有力的服务支持系统，比较典型的是通过呼叫中心和设立内部财务邮箱的方式来接受员工对制度的咨询和对单据的查询。

2.4.2　应收共享模块

相对应付管理，应收账款管理流程由于涉及收入的确认而相对复杂。在共享中心，应收共享模块建立了一个完整的从销售至收款的流程，即客户管理→开票→核销→应收款管理的完整闭环，以实现共享中心对关键流程节点的集中管控，如图2-13所示。

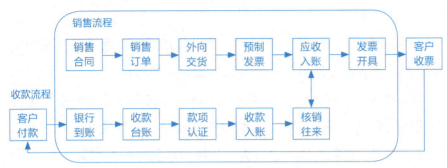

图 2-13　销售及应收业务

应收账款流程的核心业务包括订单及合同管理、开票及收入确认、收款及票据管理、对账反馈和内部控制等具体流程，择要介绍如下。

1. 订单及合同管理

该环节一般基于企业的电子商务系统和合同管理系统来完成。当市场人员提供获得的合同订单后，系统开始通过人工录入或者影像扫描、识别的方法来记录其中的关键信息，为后期财务共享的业务处理系统和 ERP 系统提供数据支撑。

2. 开票及收入确认

当业务人员提出开具发票的要求后，财务共享中心将审核相应的合同条款，开具发票。对于达到收入确认条件的确认收入，并将信息反馈到 ERP 系统中。

3. 收款及票据管理

当接到客户的付款通知后，财务共享中心将自动检查银行的付款记录，确认收款完成后，处理完成应收账款科目的会计处理。对于收到的票据，企业可以根据资金管理的需要进行票据贴现或者是背书处理。

4. 对账反馈

确认收款并入账后，通过客户关系处理系统将收款信息反馈给客户，并和客户定期对账，以发现可能存在的错误。

通过财务共享中心应收模块，企业能够实现应收完整业务循环的流程化管理，同时集团企业能够规范各分支机构应收入账、集中开票、收款认证等业务，这成为全流程自动化操作的前提条件。

2.4.3　资产共享模块

通常，集团企业具有庞大数量的资产，分别在各个分、子公司，基层单位使用。但很多资产的利用率并不高，常常出现资产闲置和资产处置不规范的问题，从而降低了企业的资产管理能力，容易出现资产流失现象。很多企业认识到，可以通过资产共享的方式将资产管理需要的各类数据统一到共同的平台，优化和控制资产配置，这样既能提高资产使用效益，又能提高财务人员的工作效率。

2018 年 5 月，某烟草公司上线资产业务共享中心，实现了资产核算自动化和资产业务的共享。公司全年涉及的资产购置、资产变动、资产减少、资产处置、资产维修、在建工程转入、资产出租、资产捐赠、车辆保险、资产盘点、资产计提等业务约 2 800 笔，业务产生的会计凭证约 2 100 笔。在未实现资产核算自动化和资产共享前，80% 以上的资产会计凭证均是通过"资产会计"手工制单生成的，且资产业务由各区县公司自行管理，管理不够规范、流程不统一、管理过度分散、资产保值增值率较低等问题日渐突出。资产共享中心上线后，系统采用先进的流程自动化技术手段，实现了线上与线下相结合的自动化业务流程审批，上下游业务单据自动生成关联数据，打通了资产业务与财务之间的通道，数据实时共享，使线上主要财务核算根据标准自动生成会计凭证。

如图 2-14 所示，资产共享中心上线后，90% 以上的资产会计凭证能够通过共享中心自动生成，准确率达到 95%，从而减轻了资产会计人员的工作量，提高了工作效率。利用资产共享，原来以县公司为单位的资产管理模式转变为以市公司为单位的统一集中管理模式，达到了统一资产业务流程标准，整合资产数据，有效监控公司内资产情况，提高财务共享中心的服务质量的目的。除此之外，原来以资产核算为主的会计人员，现在更加关注资产的保值增值、资产配置和合理性等管理工作，从而可以进一步提高资产的管理水平。

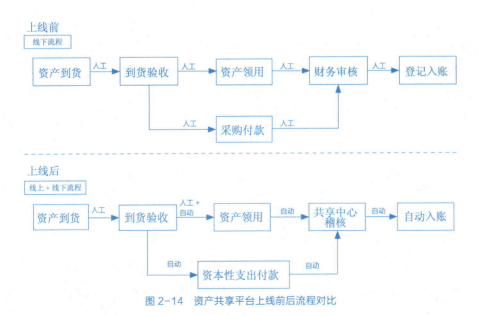

图 2-14　资产共享平台上线前后流程对比

第 **3** 章

采购共享篇：
财务共享＋
在线商城

3.1 业务员小丁的采购之旅

上午九点，项目组业务员小丁打开电脑后，屏幕上自动弹出提醒信息，包括他今天要完成的任务清单，任务清单按照轻重缓急依次排列，小丁最先需要做的是为明天的会议采购矿泉水。

小丁拿出手机登录集团的企业商城平台系统，首先在搜索栏中输入"矿泉水"，随后系统将商品的价格、规格、包装等情况一一显示，经过比价之后，小丁将选好的商品放入购物车，进入结算界面。此时，商城系统的后台自动进行预算校验，判定该笔采购在预算范围内，订单自动提交。几分钟后，小丁收到供应商的信息反馈，提示大约下午两点送货。

传统采购模式，从采购需求的提出，到询价、提交申请、审批、下单、收货、付款、报销等，往往流程冗长、效率低下，甚至会滋生寻租现象。

在商城采购模式下，传统采购模式被完全颠覆，员工在线消费申请、预算控制、审批、下单、收货、自动记账、获取发票、支付等流程全部线上化，全面实现了规则的程序化、流程的自动化以及管理的透明化。员工采购就跟网购一样简单便捷。

企业商城与第三方供应商系统对接并与共享中心平台紧密集成，可以将过去分散的、作业量大的采购报销工作集中起来，以提高整体工作效率，提高财务工作的自动化和智能化水平以及业务信息与财务信息的质量。并且供应商只需要在月底根据对账信息向共享中心出具一张统一的发票，共享中心根据发票信息统一支付即可。集团将财务权收归到总部，分、子公司只有采购权。

过去，财务管理者往往只能看到后台的数据结果，但看不到数据背后的前台业务，也解释不清楚数据背后的业务逻辑，业务语言和财务的结果没有关联。现在，企业商城将每一笔采购是否在预算内、责任单位是谁、用于开展什么业务、消耗了多少资源明细与交易过程等所有信息，都自动记录在企业商城平台的交易数据库，形成了完整的一套账，实现了采购订单、入库单、供应商发票的"三单匹配"，从而使业务语言和账务的结果建立起了关联。财务视野深入业务的全流程从而可以理解每一笔账背后的业务逻辑。

3.2　传统采购模式的 3 类问题

在传统财务管理模式下，员工在进行日常采购时，往往需要经历询价、比价、请购、订购、催交、收货、付款等环节。经过层层审批，采购流程变得冗长、效率低下；而财务人员需要在期末将收到的大量单据和发票一一对应，并审核其真实性和合规性，工作量巨大且烦琐。传统采购模式主要存在以下 3 类问题。

3.2.1　效率和准确性问题

过去管理系统的关注重点和解决方向与企业的现实需求有一定偏差。企业通常会首先解决最主要的问题，然后逐步解决剩下的问题。企业靠 ERP 系统支撑起运营、战略分析等工作，提升财务端效率、管控风险等需求可能会放在后期来处理。蓬勃发展的消费侧互联网平台和封闭的供给侧企业采购系统之间存在鸿沟，且大中型企业内集团化管控不能及时满足一线业务单元的资源需求，使传统模式的供应链协同效率低、准确性低、采购成本高。

3.2.2　财务结算风险问题

有的企业采购流程分散在两个不同的 ERP 系统内。采购专员负责和供应商进行对账以及三单（采购单、出入库单和发票）匹配。在采购员把发票交到财务部门前，财务部门不知道实际收了多少货、应该准备多少资金，很多发票交过来的时候就已经临近付款日期，甚至超过付款期限，其中存在很大的结算风险。

3.2.3　业务流程管控问题

很多业务流程和财务之间的数据是隔离的。财务部门通过数据抽取、分析、展现等都属于事后分析。即使企业有能力做到实时分析，但由于很多业务流程并不在统一的数据共享中心里，也不能获取准确的信息。采购业务和财务融合不足，造成监管滞后，财务没有对业务形成洞察力和控制力，从而达不到财务管控的目标。

3.3 "消灭报销流程"的商城式采购共享

3.3.1 智能采购共享服务平台

一个智能化、自动化、协同化的智能财务共享中心，其财务职能需要融入业务前端。通过建立"财务共享 + 在线商城"的模式，打通采购行为与内部流程间的壁垒，使整个采购流程中的审批、下单、付款、发票处理、账务处理等环节完全自动化、智能化。

随着互联网、人工智能等新技术的探索应用和电子商务的发展，越来越多的资源被放在互联网上，使采购行为变得更快捷、更有效、更科学，因此，企业采用智能采购共享是大势所趋。企业采用在线商城的模式，重塑电商模式下的采购流程。通过智能采购共享这一有效途径进行集约化采购以降低采购成本，也是技术推动商业模式变革的必然结果。

如图 3-1 所示，在线商城采用"互联网 + 云"技术，将企业现有的办公用品采购（京东、苏宁）以及大宗采购互联网化，并与财务共享服务平台紧密集成，实现企业采购业务对供应商的直接结算，颠覆了传统模式下复杂、烦琐、费时的报销流程，同时平台基于电子发票信息，实现自动化的会计核算。

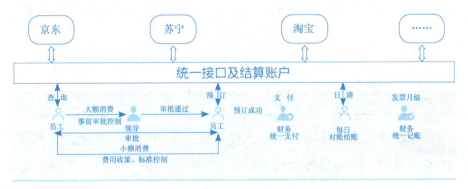

图 3-1　智能采购共享服务平台整体框架

3.3.2　十大功能模块

智能采购共享服务平台一般包括十大功能模块，即采购需求、采购申请、招投标、采购订单、询报价、库存管理、询竞价、结算管理、合同、供应商管理。平台通过灵活的竞争性谈判采购、询价、招标等多种方式，帮助企业快速选择最佳的采购合作伙伴，实现原材料价格、质量的最优化组合。

3.3.3　五大特点

商城式采购共享具有五大特点，如表 3-1 所示。

表 3-1　商城式采购共享具有的五大特点

协同化供应链	直联多家供应商，多终端并行，全程通过云操作
集成化电商服务	与第三方电商平台打通，实现采购程序标准化，降低对账难度和风险
可控化企业商城	实现企业办公 / 大宗采购的互联网化，费用可控、采购流程规范、结算自动化；全网大数据多家供应商横向比较，择优采购；企业统一支付，费用透明可控
一体化的业务与财务	事前、事中、事后跟踪管控、业财一体化的闭环管理
SaaS（软件即服务）化服务	灵活多样的企业云服务、私有云及混合云的系统实施

通过建立企业商城，采购流程实现了采购信息公开化、扩大采购市场范围、缩短供需距离、提高采购效率、降低库存、供应商集约化、减少人为因素干扰来简化采购流程。

3.4　A 集团的企业在线商城平台

如图 3-2 所示，以 A 集团搭建的商城平台为例。商城对接外部电商平台，从订单交易到商品下单，审批通过后由集团统一支付。采购将管理重点放在预算、核算环节，员工登录系统后，平台自动识别其所在部门，由部门、消费类型、品目判断预算科目，从而判断是否超费用标准和超预算金额。在提交审批环节，一旦审批完成，系统会自动发送订单给供应商，员工还可以用手机等移动终端随时查看物流信息。除此之外，员工还可以在商城平台上在线确认收货，收货确认后，系统自动对账，等到每月指定结算时间，申请已对账状态的订单的发票，发票信息将自动传递给 A 集团。所有的合同、订单、发票数据都通过电子化的方式存储在系统里，整个付款的过程可以进行自动化数据匹配，付款和发票以及账务处理成为了一个自动化的过程。

图 3-2　A 集团商城平台

集团在建立企业在线商城时，可以采用互联网技术，实现与集中处理企业费用报销和支出控制的财务共享中心平台的紧密集成。在办公用品和日常采购方面，商城连接了京东、苏宁、国美等供应商；在公务用车方面，商城连接了滴滴、易到用车等平台；同时，商城模式可以用于内部资源配置，支持企业建立自己的内部商城，把企业的大宗材料供应商引入商城平台，按协议价进行分配，把企业自有的公共会议室、公车等内部资产引入商城平台集中管理，实现内部运作的交易化、采购化，进而提高内部资产使用效率。

从交易层分析，企业商城是财务共享向业务交易环节的延伸，在企业在线消费平台（企业商城）上，所有的消费、采购（日常采购和原材料采购）行为都实现了在线化、透明化、自动化，从费控到共享，提高了操作效率。

从信息层分析，企业商城有助于实现业务财务的深度一体化。在线化之后，消费和采购行为是一体化的，交易进行的过程，也是财务信息记录的过程。商城借助"互联网＋"实现了以电子交易票据为媒介的"三流合一"。这"三流"即业务流，借助信息化实现所有业务环节的业务信息全流通；票据流，伴随业务环节，产生多种业务票据，作为交易的原始凭证；信息流，打通业务链各环节。

对于采购员而言，没有报销和付款流程，省时省事；对于财务人员而言，信息准确且业务信息和财务信息相互勾稽；对于管理层而言，信息透明可控、成为管理的有效依据。

从财务管理层分析，在线商城有助于促进财务转型升级，实现了订单、入库单、供应商发票的自动"三单匹配"，让财务数字和业务紧密关联并能够自动支付、自动记账、自动对账。

"在线商城＋财务共享"模式带来的好处如下：一是下单时能够自动控制预算；二是采购权集中，选择权下放到资源消耗末端；三是对接成熟电商平台，让采购流程透明化，过程管理高效简单；四是将所有信息都记录在交易数据库，既能满足财务会计所需的核算数据，又能满足管理会计所需的分析和决策数据，有助于实现业务与财务的深度融合。

得益于财务共享中心天然所拥有的数据优势，以及当前信息技术发展的日趋成熟化，"在线商城＋财务共享"模式将成为贯通核算、计划、管控和决策的企业核心级数据平台。这是未来智能财务共享中心发展的方向，也是其价值所在。智能财务共享中心既可以助力传统会计向业务管控者与价值管理者转型，又能为不同层级的管理者提供个性化的决策支持。

"在线商城＋财务共享"模式将采购行为与内部流程完全打通，将整个采购流程中的审批、下单、付款、发票处理、账务处理等环节完全自动化、智能化，而费用报销的在线化、自动化、智能化，将有助于从源头上"消灭报销流程"。

第 **4** 章　差旅共享篇：
财务共享＋
商旅平台

4.1　烦琐的差旅报销

差旅报销是企业员工与财务人员接触最多的事由，也是员工和财务人员工作量最大的业务之一。传统财务报销模式下，员工要先垫付差旅费，再找领导签字，最后到财务部门报销。这个过程不仅消耗大量的时间成本及人工成本，还容易出现发票造假情况。

为了实现对报销的管控，企业采用了很多方式，例如增加审核人员、增设流程等。即使企业配有专门的出纳或订票专员，财务报销审批流程复杂、结算付款时间长等问题依然存在，这使得财务报销审批饱受领导和员工诟病。财务 ERP 系统的出现，虽然缩短了单据审批时间，但不足以解决流程复杂、时间成本高的问题。

随着云计算与大数据技术的飞速发展与深入应用，将其应用于企业运营的全过程、全流程成为趋势。一方面，云计算对企业信息化快速发展具有推动作用，不仅能为企业提供安全可靠的数据存储中心，而且能够实现不同设备间的数据与应用共享；另一方面，随着电子商务以及新零售的兴起与发展，B2B（企业对企业）、B2G（企业对政府）模式下财务共享中心的不断成熟完善，一批业内领先的大型集团企业开始打破"企业围墙"，将外部的供应商与客户纳入企业内部管理系统。

随着电商技术的成熟与普及，财务共享中心作为信息化平台，与集合了众多优质电商的商旅平台进行集成，实现财务共享的数据规范、采集高效、自动处理和智能输出，规范、优化了财务运作与业务运营流程。"商旅平台 + 财务共享"模式应运而生。

4.2 "消灭报销流程"的差旅共享

4.2.1 商旅共享中心

商旅共享中心是商旅行为、费用管理与商旅资源、数据共享的有机结合。如图 4-1 所示，通过互联网化改造，整合线上线下资源与数据，商旅共享平台接入众多商旅平台及供应商并进行自动比价，将差旅申请、预算控制、审批、下单、记账、结算全流程打通，从在线申请、在线下单、系统自动与预算关联达到完成采购、统一结算，形成完整的闭环。

当前，基于互联网的商旅管理主要分为 3 种模式，即单服务商模式、链接跳转模式和商旅共享模式。单服务商模式基于单一的平台进行采购，使用平台上的协议价格在线完成下单，并由企业统一结算。链接跳转模式可以链接商旅平台和第三方消费平台，利用多个平台的多个连接端口跳转进入不同平台完成自主在线下单，并由企业统一结算。而商旅共享模式基于应用程序接口（Application Programming Interface，API）集成，可以将外部的多个平台资源接入同一个商旅共享中心上，实现自动比价、自动下单、自动对账、自动结账，如图 4-2 所示。

图 4-1　商旅共享中心

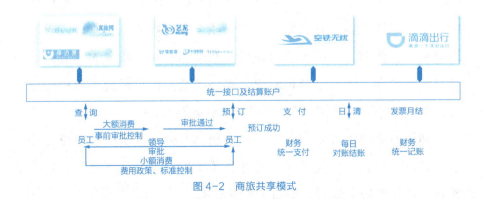

图 4-2　商旅共享模式

4.2.2　商旅流程

商旅流程主要包括差旅预订、采购与审批流程、财务结算、对账核算和管理报告五大模块。

1. 差旅预订

商旅消费平台业务包括预订机票、车票、船票、酒店和车辆等，集成了与企业日常消费息息相关的功能，全面接入第三方平台，如51book、艺龙、去哪儿、滴滴出行等。通过与电商平台合作，商旅消费平台统一预订，解决了传统差旅预订存在的弊端，实现了与企业内部业务审批、财务报销流程的无缝对接。

2. 采购与审批流程

商旅消费平台采用平台采购、平台付款、生成凭证的模式。如图4-3所示，以机票订购为例，出差申请人在界面填写出差申请单，选择出行航班。订单受企业的预算控制和采购标准控制，如果订单金额超标，界面会提示是否需要特殊审批，选择"是"，则启动审批流程；选择"否"，则回到机票查询界面。不超标准且不超预算的订单，系统校验是否有票，自动出票，预算冻结，企业钱包支付本单费用，同时，申请人会收到短信和微信通知。产生的消费记录次日会自动导入个人消费记录内，每一项消费记录都会进行费用分摊，将费用归属到指定部门、项目，做到准确合理。

利用差旅政策规则与费用事前控制，平台对员工在线消费实行事前控制，加强了管控效果。另外，系统支持碎片化审批，多条线平行审核，缩短了流程，提高了审批效率。

填写机票行程信息

选择航班

检查是否符合差旅标准

发送订票成功通知

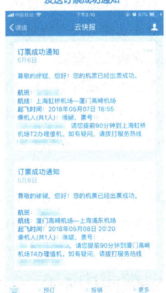

图 4-3 采购与审批

3. 财务结算

在费用报销方面，采取系统自动结算模式。出票成功则视为订单完成，执行预算扣减。交易发生后，供应商与企业统一结算账款（预存、月结），无须员工垫付。结算时，系统内已记账的订单将自动生成清单，并进行订单状态的核对。供应商在系统内核对清单、开具发票，平台通过与税务平台的数据对接，自动获取发票全票面信息。在全新的业务财务一体化体系下，订单、发票数据以全数字化形式记录在系统中，减少了大量人工作业。统一预订与结算，不仅方便了员工，还省去了出纳人员或是订票专员处理支付订单的时间，从而节约了成本。

4. 对账核算

商旅消费平台对差旅支出进行实时在线管理，使差旅支出一目了然。系统自动选择对账公司、供应商、消费类型、对账期间，触发自动对账功能自动进行对账；确认订单号、订单日期、供应商、订票人、乘机人、金额、航班、状态是否一致，一致则对账成功，订单状态达到制证指定状态，自动生成凭证。另外，平台能够及时导出会计凭证及付款凭证，将报销与记账连接，彻底打通了企业费用管理的最后一环，避免了财务会计记账时的重复烦琐。

5. 管理报告

商旅消费平台除了统计个人费用外，还会统计财务口径的费用科目，以及业务口径的部门费用、项目费用等。利用大数据，借助交易、对账、发票、付款等一系列流程环节，系统将采集到的数据，通过管理维度进行归集、展示，生成四套账——资源账、管理账、会计账、监管账，供会计、财务经理、财务总监、企业管理者等相关人员查看。

4.2.3 商旅共享的四大优势

商旅共享模式作为打通企业全面支出管理的一大突破口，相比传统差旅管理模式具有以下四大优势。

1. 降低成本

商旅平台的应用一方面省去了员工的报销工作量，免去了垫付之忧；另一方面，减少了财务人员的重复机械劳动。此外，企业管理者能够有效地管理员工因公事务的花费，实时监测公司的公务支出，使财务监管更加透明，有效降低了企业财务管理成本。

2. 实现业财融合

运行商旅共享平台后，海量的报销发票消失了，取而代之的是平台每月发送的两张大发票（行程单大票和服务费大发票）；烦琐的对账工作消失了，取而代之的是系统双向实时自动完成对账；凭证审核和复核工作也消失了，取而代之的是平台基于凭证引擎，通过标准接口在线随时推送的报销单。由于平台实行实时自动记账，费用发生即簿记，员工不再参与报销过程，拖延报销的情况也不复见。费用会计人员终于从报销的基础工作中解脱出来，也有了更多的时间和精力参与到更有价值的管理会计工作中去。

企业商旅共享中心给财务部门带来的是一次颠覆性变革。基于商旅共享中心，所有商旅消费数据实现了采集高效、自动处理和智能输出。在这个过程中，系统实时记录大量的翔实数据，既包括详细的订单交易数据，也包括会计记账数据，还包括翔实的发票全票面信息等。所有数据直接取自交易端，真正打通了业务和财务，打通了内外信息、实现了业财融合，有利于推进管理变革。同时，基于商旅共享中心，企业实现了自动化、无纸化报销，消灭了报销流程，实现了消费报销一体化管控，大大提高了工作效率。

3. 实现事前管控

如图 4-4 所示，商旅共享中心将所有商旅资源接入平台内部，通过在商旅共享中心内设置审批流程和费用标准，可以轻松有效地对所有商旅消费行为进行事前管控，从源头上对商旅费用进行控制，实现过程显性化、透明化，确保费用不超标。

图 4-4　商旅消费事前管控

具体而言，员工在商旅平台上发生消费行为前，要经过申请和预订双重控制。预订与申请发生偏差时可设置实时提交偏差原因，消费完成后，员工行程、报销单、航空公司订单、违反差旅政策说明均与差旅申请单智能关联，无须差旅管理部门人工审单。这在有效提高企业整体运营效率的同时，保证了员工差旅行为的合规性。

4. 定制化资源

很多企业，尤其是大型集团企业，拥有多家协议酒店、协议航空公司。对于这些企业而言，一套可按需接入商旅资源的定制化商旅管理平台，可帮助企业实现差旅支出的一体化、单据和账务处理自动化。显然，这才是真正富有价值的平台。

然而，当前的商旅管理平台要么封闭、排他，只允许使用平台内资源，只允许执行平台内价格；要么拓展性受限，无法接入单家航空公司、酒店等资源。这将导致企业在使用商旅平台时，往往需要同时使用多家供应商、服务商，资源分散，无法聚合在一起，平台的价值自然大打折扣。

商旅共享中心基于开放、共享的系统构架，可以将更多资源聚合在一起。根据企业需要，平台既可选择接入多个商旅预订平台进行自动比价，也可定制化接入单家酒店和航空公司等享受协议价格。这使企业差旅预订更灵活，工作流程更简化，议价空间更大。

得益于商旅共享中心拥有的资源、技术优势，以及财务共享服务在中国企业中日益广泛、深入的应用，与财务共享中心无缝集成的商旅共享中心将成为贯通企业差旅申请、预订、结算、账务、管控的企业差旅支出自动化数据和管理平台。它代表未来企业商旅管理平台的发展方向，也是商旅管理的价值所在。

4.3 A 集团的商旅平台

　　A 集团搭建的商旅平台对接多个外部商旅供应商。如图 4-5 所示，从订单交易开始，个人登录界面后，商旅平台自动识别部门，由部门、消费类型等字段做关系映射，预算、核算字段将自动带出，无须逐个字段选择，并且把财务部门用到的科目、费用明细等转换为业务语言。通过控制引擎和预算引擎，差旅费用经领导审批之后，由企业统一支付，无须个人垫付后再报销。订单达到指定状态自动触发对账，对账无误后生成凭证，再按照 A 集团的结算要求，商旅平台自动与供应商进行对账和核算。

　　A 集团商旅平台借助成熟的外部商旅平台，实现了智能推荐行程、智能审批、线上发票自动化处理。如图 4-6 所示，具体流程如下：一是智能推荐行程。即全行程（起点到终点之间的各段行程）一体化，可选择具体地点（起点到终点），根据总时间或者总金额等计算规则，系统自动规划出最优路线供用户选择。二是实现常规业务的智能处理。将"出差申请"和"下出行订单"两个流程合二为一，统一设置在智能财务平台上；对发票实行自动处理，即账期结束后，针对对账成功的订单，申请发票，供应商开具发票后线上回传发票信息并将发票邮寄到指定地址；线上回传发票信息后进行发票检验、发票认证以及进项税转出等操作；线上验证信息以及纸质发票寄后做相关处理并存档。

图 4-5　A 集团商旅平台

商旅管理及费用报销流程

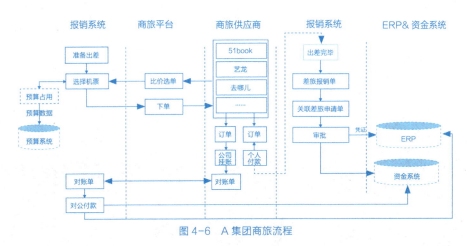

图 4-6　A 集团商旅流程

第 **5** 章

**税务共享篇：
走出税务管理
困境**

5.1　税务管理的 5 个问题

随着我国市场经济不断发展，我国税收政策和征管体系也在加速变革。在全面实施推广"营改增"后，我国现存增值税、企业所得税、个人所得税、消费税、房产税、土地增值税、印花税等 18 个税种，上百种地方附加税，可以说，企业每一项经济行为都与纳税缴费紧密相关。税费构成复杂且多变，征管属地化，管理不统一，都给企业内部税务管理提出了更多要求。目前我国企业税务管理主要存在 5 个问题，如表 5-1 所示。

表 5-1　目前我国企业税务管理主要存在的 5 个问题

问题一	组织架构不健全，缺少必要的专业税务岗位
问题二	制度体系不完善，缺少对各税费的政策理解和计税依据使用
问题三	管理流程不规范，不能保证数据的准确性和及时性
问题四	企业需要进一步建立健全风险管控体系，防范税务风险
问题五	系统利用率低，涉税信息共享程度低，不能提供有价值的决策支撑

在"互联网 +"的大背景下，企业税务管理面临涉税业务复杂、

管理成本较高、工作效率低、办税人员工作压力大等问题。因此，企业需要从以下 4 个方面实现税务管理的转型升级。

1. 从"粗放"到"精细"

我国于 2016 年开始全面推行"营改增"试点方案后，我国现存 18 个税种，上百种地方附加税。税制改革期间，各项税收政策变动频繁，尽管大企业业务种类繁多，也基本覆盖了大部分税种和业务流程。传统企业的税务管理模式较为粗放，税基确认、税金计算等流程主要依靠税务会计人员的专业素质及对相关税务制度的理解，人为失误将给企业带来较大的涉税风险。除此之外，大型企业集团分、子公司分散在各地，由于税收的属地化管理，各个分支机构对于涉税业务的稽查内容以及规则的执行标准存在差异，企业应该充分考虑不同分支机构的税务差异，精细化管理涉税业务。

2. 从"手工"到"自动"

随着互联网经济的迅猛发展，新的商业形式不断出现，企业业务系统也越来越复杂，涉及多部门、多环节管理，异构系统连接容易出现数据口径不一致、流程规则不一致的情况，导致税务政策无法有效落实，从而增加税务风险。并且手工操作模式下的数据准确性和及时性无法满足业务需求。

3. 从"分散"到"集中"

大型企业集团的组织结构按照省市县乡层层下放，如果缺乏统一的共享系统，总部的税务管控制度很难迅速下达至分、子公司，也无法有效推行至全国。分支机构众多的大型企业集团拥有大量税务管理人员，这些员工如果不按照统一的规则标准处理涉税业务，容易造成信息分散失真，从而增加税务风险。

4. 从"被动"到"主动"

我国于 2009 年、2011 年相继出台了《大企业税务风险管理指引（试行）》《国家税务总局大企业税收服务和管理规程（试行）》《国家税务总局关于大企业税收专业化管理试点工作的意见》等文件，初步建立了企业税务风险管理制度框架。税务机关加强了对大企业税收征管，并不断加大对企业偷税漏税的惩罚力度，在政策不断规范的背景下，企业必须将被动风险管控转换为主动风险管控，主动建立查补税收管理机制，做到"一点发生涉税风险、全局快速反应"。

5.2　走出税收困境：建立税务共享服务中心

随着 IT 和互联网技术的不断发展，共享服务模式得到广泛应用。企业税务管理升级的第一步就是利用互联网技术实现税务共享，打造票税一体化平台。企业运用信息数据网络化思维，更新传统的企业税务制度规则，架构从企业内部税务活动到税务机关征管平台的税务信息共享路径，从而承载企业集团全税种、全主体、全业务、全流程的税务管理应用工作，实现低成本、高效率、低风险的税务管理目标。

5.2.1　"三个一"的税务共享

税务共享是以企业税务集中管理为核心，利用互联网、人工智能、大数据等信息化手段，通过信息共享、IT 共享、服务共享和知识共享实现税务机关、企业和下属单位的有机结合，消除信息传递的中间环节，实现税务资源最优配置的过程。

如图 5-1 所示，税务共享的目标是实现 3 个一：一个平台、一个体系和一个系统。通过税务共享建立一个统一平台，管理集团所有的涉税、涉票数据，全方位进行大数据分析；通过税务共享构建一个体系，规范集团所有税金、发票、税务会计管理，确保税务处理合规可控；通过税务共享搭建一个系统，统一进行发票开具、认证、查验、纳税申报等工作，提高税务工作的准确性和效率。

一个平台
管理集团所有的涉税、涉票数据，全方位进行大数据分析

一个体系
规范集团所有税金、发票、税务会计管理，确保税务处理合规可控

一个系统
统一进行发票开具、认证、查验、纳税申报等工作，提高税务工作的准确性和效率

图 5-1　税务共享的目标

5.2.2　税务共享服务中心的功能内容

企业通过建立税务共享服务中心可以实现智能税金管理、智能发票收取管理、智能税务风险管控、智能电子发票管理和智能纸质发票交付管理，如表 5-2 所示。

表 5-2　税务共享服务中心的功能内容

智能税金管理	1.覆盖所有税种及税费；2.业务规则灵活配置；3.增值税、所得税专题管理；4.智能算税、智能申报
智能发票收取管理	1.自动认证查验；2.智能票据识别；3.进项票据共享；4.智能对接报账核算
智能税务风险管控	1.风险智能预警；2.风险智能识别；3.风险应对跟踪；4.风险智能分析
智能电子发票管理	1.电子发票智能开具；2.多渠道分发；3.安全的存储机制；4.重复报账控制
智能纸质发票交付管理	1.发票交付全流程管理；2.发票集中管理；3.虚开发票控制；4.支持多种税控对接

1. 智能税金管理

　　智能税金管理需要支持平台化承载企业的全部税种、全部主体、全部涉税业务、全部处理流程，并且业务规则需要灵活配置以满足财税政策和征管体系的需求。税金管理系统通过税基管理、税额计算、税金计提、纳税申报 4 个环节实现每个税种的数据源提取、计算规则配置、涉税凭证生成和税金支付等的全生命周期管理。由于增值税、企业所得税是企业的两大主要税种，其税制相对比较复杂，例如集团企业可能涉及预交、汇总纳税等，需要在税金管理系统中做专题管理。企业通过人工智能等技术可以使算税更加智能化，实现税务申报的自动化。一般来说，智能税金管理需要具有以下 3 个特点。一是系统主动工作。税务管理变被动工作为主动工作，在税务管理过程中自动进行数据抽取、税金计算、申报表生成并自动提交业务人员确认。二是报表主动推送。对内管理报表及对外披露报表定期自动产生，并主动推送给相关人员。三是规则因需而变。快速适应管理变化需求，通过规则引擎管理政策法规、业务规则，计算规则。当这些法规和规则发生变化时，可以通过规则引擎进行规则变更，实现快速响应企业管理决策需求的目标。

2. 智能发票收取管理

运用最新的人工智能技术，将人工处理专票认证、普票查验的相关环节，变成系统自动处理，既可以减少人工出错造成的失误，又可以大幅提高工作效率，从而降低企业的涉票管理成本。专票认证由传统的扫描认证、网站勾选变成系统自动认证、系统自动对普票进行查验，解决目前重复报销及假票报账情况较严重的问题。系统可以在企业内部查重，专、普票混合检查，提升企业的增值税专用发票的获票率，从而降低企业的增值税税负。同时，智能收取的发票通过统一的平台管理，建立企业内部发票池，实现发票管理信息流与纸质流的合流，形成发票电子档案管理，便于发票的查询、统计和分析。

3. 智能税务风险管控

税务共享服务中心构建税务风险防控治理体系，引入红黄绿灯机制，确保业务合规，随时直观地监控企业税务风险的现状；建立税务风险的预警机制，业务定向探头"随需而变"，实现智能发现问题；与税务稽查系统同步，根据风控指标规避税务风险；通过闭环处理，快速自查和调阅凭证，追踪原因，处理涉税争议；利用税务监控、监察、预警、执行跟踪的风险管控网，建立税务风险全景视图，全面观察全集团各类税务风险。

4. 智能电子发票管理

智能电子发票管理系统支撑企业内部所有需要开具电子发票业务，极简的开具功能支持用户在支付时自助一键开具，并针对电子发票特点，系统提供了方便的二次推送服务功能，以便用户丢失发票或需要再次提供发票时方便快捷地拿到发票。对于企业获取的电子发票，通过报账系统关联发票信息及发票池进行管理，以规避重复报账的风险。

5. 智能纸质发票交付管理

智能纸质发票交付管理是指智能化的纸质发票的开具及交付管理，主要是对销项发票的全生命周期的管理，包括空白发票的申领、入库、分配、开具、打印、交付、退回、盘点等全过程。纸质发票交付管理与前端收入系统对接，根据交易信息生成开票信息，即使没有对接前端业务系统的手工开票也需要通过税务共享服务中心的平台进行操作，从源头杜绝虚开发票的行为的发生，并且保证企业能够通过税务共享服务中心管齐所有的开票信息。通过灵活的配置，企业根据情况支持发票单点打印和打印中心批量打印，并与物流系统相对接，发票交付管理跟踪发票的寄送和交付状态。在智能纸质发票交付管理系统里内置了开票软件的大部分功能，当开票软件需要升级或者开票政策调整时，系统只需一点修改就可以满足要求，在确保发票正确开具的情况下，系统将自动生成销项税，为增值税税金的自动计算和灵活分析提供数据支撑。

5.2.3　税务共享服务中心的设计思路

由于我国税制较为复杂，各个税种、财税之间存在差异，企业税基多样化，税务管理基础数据源多渠道化，税务共享服务中心必须满足跨系统协同的需求。在我国"以票控税"的税收征管理念下，税务共享服务中心以发票为核心推动税务管理创新，根据管理规则、核算规则，对税金计算进行自动处理，实现集约化、自动化、规则可视化的管理目标。

如图 5-2 所示，税务共享服务中心通过建立"税＋票＋会计"一体化平台，实现交易管理、发票处理、税务处理、会计核算、结算处理的集中管控。针对对外开具发票与对内开具发票的不同点建立从发票纸制单据、使用过程、风险提示到入账存档一套完整的管理体系，使发票数据准确性、报账及时性等得到有效控制，降低税务风险。

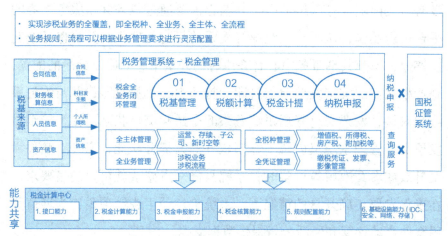

图 5-2　税务共享服务中心跨系统设计思路

在增值税销项税金管理方面，业务系统对客户账单等销售数据进行统一管理，在集团层面、系统底层进行业务规则与税率匹配的设置，将收入进行价税拆分后传送至 ERP 核心系统进行收入与销项税额的自动核算。税务管理系统通过与 ERP 核心系统的接口实现税基的自动获取，根据统一规则按照税率及业务类型进行匹配校验。

与金税系统进行直联，将企业税金信息直接推送至税务机关申报系统，形成数据的闭环流转，实现企业与税务局的信息共享和税务的准确申报。

在增值税销项发票管理方面，税务管理系统同时包含与增值税销项税金直接匹配的增值税发票，从发票申领、发票分配、发票开具、发票盘点、发票核销等环节进行全生命周期管理。尤其是实现账务系统与发票开具系统的闭环直联，实现开票信息的系统化提取，杜绝增值税专用发票的虚开、错开行为。同时，通过与金税系统、统一结算系统等系统的直联，税务管理系统及时将开票信息、结算信息推送至下游合作企业，达到信息共享目的。

在税金核算体系构建方面，税务管理系统按照各种税基，运用算税模型进行应纳税额的计算，采用模块化提供"一点算税"能力。税务管理系统充分考虑营改增企业增值税属地预缴、汇总清算，企业所得税二级预缴、总部清算的模式，特殊行业涉税的劳务发生地或不动产所在地预缴、机构清缴等税务征收模式，取得集团统一规则与分支机构个性化定制之间的平衡，建立分层级的核算体系。

税务管理本是企业的一种内控行为，大企业不同分、子公司税务管理能力水平不一，因此，大企业集团应基于"互联网+"技术搭建平台进行税收信息收集、上下游企业衔接、税收管理系统对接等税务管理服务的公开与共享。

5.3　从发票管理到税务预警：税务共享的 3 个阶段

　　近些年来，以中兴通讯、四川长虹为代表，越来越多的国内企业开始探索建设财务共享中心或已经走在财务共享实践的道路上。财务共享服务无论是从理念层面还是从工具层面看，都已经相对成熟，而共享服务的另一个细分领域——税务共享服务也逐渐进入了企业的视野。

　　与财务共享类似，税务共享主要涉及企业涉税业务的标准化、自动化、集中化处理，通过税务共享，企业税务管理人员能从简单、重复的基础涉税业务中脱离出来，聚焦于企业经营数据的分析，有机融合业务与财务信息，进而在税务规划、风险控制、价值创造等方面发挥更大的作用。

　　如图 5-3 所示，企业税务共享服务可以分为 3 个层级，包括以发票开具和认证为主的初级阶段、以税务管理为主的中级阶段和以风险管理为主的高级阶段。处于财务共享中心建设不同阶段的企业可以结合自身信息化基础、业务规范性、共享中心成熟度等维度来探索税务共享。

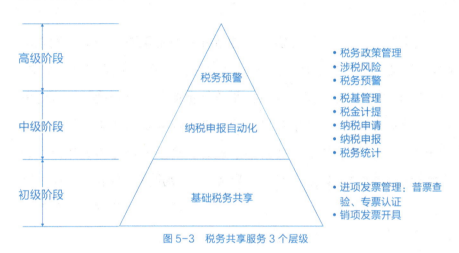

图 5-3　税务共享服务 3 个层级

5.3.1　基础税务共享

基础税务共享主要是在共享中心进行发票处理。企业涉及发票处理的业务有三类：一是费用类业务；二是应付类业务；三是销售类业务。共享中心进行发票处理包括进项发票处理——普票查验、专票认证，销项发票开具。

1. 费用类业务发票处理

如图 5-4 所示，费用类业务主要是针对企业管理费用，费用业务发生前通常需要进行费用申请，发生后会进行费用报销。

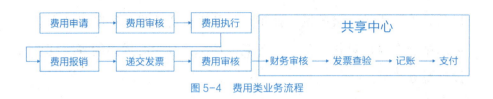

图 5-4 费用类业务流程

费用类业务涉及的发票主要类型有交通费发票、餐饮费发票、住宿费发票、通信费发票、办公费发票等；发票形式上又有定额发票、机打发票、电子发票等。费用类业务是企业标准化程度较高、业务量较大的一类业务，其中对发票的处理主要包括发票验真和防重。传统模式下，发票是通过登录各个地方国税系统进行验真的，而防重则没有相应的工具及手段。在税务共享模式下，企业可以通过财务共享中心中发票管理模块进行增值税发票验真及防重，这不仅可以提升业务合规性，也解决了重复报销的问题。

税务共享模式下增值税发票验真及防重模型如图 5-5 所示，对于定额发票也可以采取同样的模式，但因各地定额发票的格式有差异，如果要做到定额发票也实时进行验真防重，企业需要耗费更多的成本。

2. 应付类业务发票处理

如图 5-6 所示，企业应付类业务主要是对供应商采购进行付款。在完整的应付业务流程中，涉及共享中心处理的业务主要是对增值税专用发票进行发票认证、发票校验、付款及与供应商对账。

企业对增值税专用发票的认证有 3 种模式：第一种是针对企业增值税专用发票量较少的企业，通常携带增值税专用发票抵扣联，每月末（一般在每月 25 日之后）企业到国税机关进行上门认证；

第二种模式是在增值税发票选择确认平台通过输入企业税号后进行勾选认证；第三种模式是通过财务共享中心与第三方软件（可以与国税总局直联）进行对接，并通过增值税专用发票影像件进行自动认证。

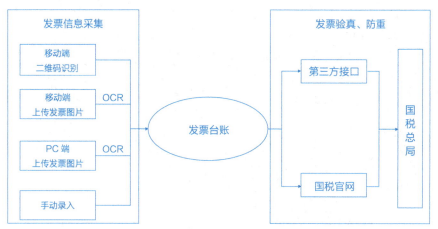

图 5-5　费用类业务发票验真及防重模型

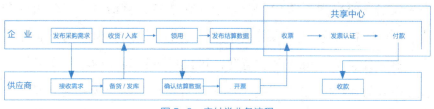

图 5-6　应付类业务流程

如图 5-7 所示，以某第三方软件为例，它实现增值税专用发票自动认证的流程分为两个步骤：第一步是提取增值税专用发票信息，通过影像识别技术提取发票信息并形成结构化数据；第二步是自动认证，将已经提取的结构化的发票信息与各省级发票底账系统的数据做自动比对并完成认证过程，该环节不需要人为干预，并且可以进行批量认证。对于进项税票较多的企业，发票认证工作费时费力，一旦实现增值税专用发票的自动认证，不仅能提高发票认证效率，而且能降低人工成本。

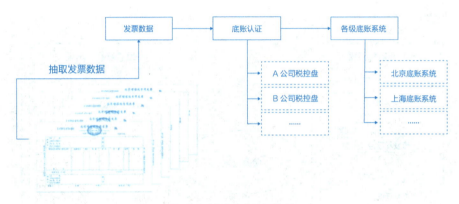

图 5-7　发票自动认证模型

3. 销售类业务发票处理

企业销售类业务中的发票处理主要是在开票环节进行的。由于法律规定发票仅限于领购单位和个人在本省、自治区、直辖市内开具，企业销售业务中开票需遵循"属地化"原则。但是对于企业在某一地区分、子公司较多的情况，可以考虑在共享中心集中开票，通过相应的软件将 ERP 系统中的销售订单信息转化为销售开票信息并在金税系统中批量开具发票并打印。如图 5-8 所示，以某企业为例，该企业在总部所在地一共有 30 家子公司，如果每家公司配备一名开票人员，则需要 30 名开票人员，但在共享模式下，通过系统实现发票的批量开具，两名开票人员即可完成该企业在当地的所有销售开票工作。

图 5-8　销售类业务流程

5.3.2　纳税申报自动化

纳税申报自动化是税务共享的中级阶段，目前大多数企业的税务共享都处于这个阶段。如图 5-9 所示，在这一阶段，企业首先需要整合税务管理职能，分离分、子公司的税务管理职责和基础税务操作职能，形成以总部税务管理部门为涉税管理业务服务平台、以子公司财务部门为业务支持平台、以税务共享服务中心为基础涉税业务处理平台的多层次、网络化的税务管理组织模式。

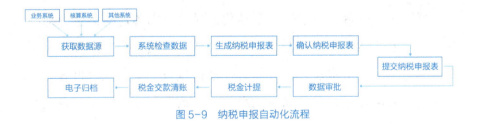

图 5-9　纳税申报自动化流程

其次，通过建设税务信息化平台，实现税基管理、税金计提、纳税申请、纳税申报、税务统计等涉税业务管理；税务信息化平台与前端系统紧密对接，自动获取纳税数据源；将申报流程、缴税信息处理规则内嵌于税务信息化平台，在业务开展过程中将业务信息和会计信息转化为税务信息，实时自动出具纳税申报表，动态掌握企业需纳税情况，而内嵌的填报逻辑让申报纳税更加规范化。通过记录涉税数据，实现纳税申报数据的事后追溯。

由于企业涉税业务涉及不同税基、不同组织、不同税务数据来源，自动化难度较大，企业在实现纳税申报自动化的过程中需要关注以下 3 点关键要素。

第一，多渠道税务数据源。企业涉税数据（如基础数据、认证数据、发票数据、海关数据、资金数据、业务数据等）来自多种渠道：前端业务系统、核算系统、其他系统、手工录入。企业需要根据自身信息化应用状况及实际业务情况，充分整合各类系统并实时获取税务数据，以为税务数据的自动加工处理打好基础。

第二，规则、流程内嵌。通过将税务数据生成的相关规则内嵌于税务系统，各项税务数据能够自动生成，并通过自动流程流转，实现过程中的合规性控制，最终输出纳税申报报表及税务分析报表，从而实现事前、事中、事后的有效管控及分析。

第三，"最后一公里"的自动化。目前，因各地税务主管部门并未对企业开通税务申报系统的接口，所以即使是企业税务平台可以自动输出纳税申报表，也不能直接通过接口方式实现将报表自动传输到税务申报系统并实现自动缴纳，"最后一公里"还存在政策壁垒。当然，这个问题的解决一方面可以等待税务主管部门的相关政策，从而实现企业税务平台与税务申报系统的对接；另一方面也可以尝试跟企业所在地税务主管部门进行沟通，以获取支持，打通"最后一公里"。

5.3.3   税务预警自动化

税务共享的高级阶段是税务预警自动化。企业通过税务管理信息化平台对税务政策进行集中统一管理，并通过在税务信息化平台中内嵌和固化涉税业务的规则、逻辑和模型，使平台根据实际涉税业务自动识别税务风险并预警，从而企业能够及时发现税务风险，保障涉税数据的准确性、完整性、有效性，减少因人为失误而导致的企业利益损失。税务预警自动化的关键在于企业将不同地区的税务政策结合，并通过税务信息化平台建立风险识别模型和预警模型。

实现企业税务共享，不仅可以实现企业的降本增效，同时，对税务主管部门来说，在税收征管过程中，其一方面其可以通过企业税务管理信息化平台实现纳税申报信息的可追溯，对企业的涉税业务处理规范性、纳税申报的准确性有了更为直接和快速的掌握和了解，更能协助企业有效纠偏，从而提高税收征管质量和效率；另一方面，税务管理信息化平台的涉税数据都来源于企业前端各支撑系统，实现了业务信息与税款征收结果的匹配和勾稽，从而使得税务主管部门的税源管理从广度和深度上有了扩大的可能，有利于进一步促进纳税信用体系建设。

第 **6** 章

技术引擎篇：
自动化 +
智能化

6.1　RPA：让系统代替人工

随着大数据、AI 等技术的不断发展，智能机器人的应用场景越来越广泛。企业可以在业务财务工作中采用机器人流程自动化（Robotics Process Automation，RPA）取代一些重复烦琐的常规流程。如普华永道的财务机器人可以介入银行对账、月末入款提醒、进销项差额提醒和增值税验证等环节，实现无人工自动操作。自四大会计师事务所陆续推出财务机器人后，RPA 的市场规模迅速扩张。最新研究数据显示，2016 年在全球范围内有超过 10% 的组织机构已经开始引入 RPA 技术来提高日常的运营管理效率，而在 2020 年，预测将会有超过 40% 的组织机构引入 RPA 技术，全球机器人自动化市场规模将达到 49.8 亿美元。

6.1.1　认识 RPA

RPA 是指机器人流程自动化。根据机器人流程自动化和人工智能研究所（IRPAAI）的定义，RPA 描述了一种技术应用："让公司员工能够配置计算机软件或机器人，采集和解释现有应用，以便处理交易、操纵数据和触发响应，并与其他数字系统通信。"

RPA 并不是一个有着人类外形的物理机器人，而是一款基于桌面记录的自动化软件，它可以完成大量重复性高、定义清晰、有固定的逻辑的工作。如图 6-1 所示，RPA 不仅可以 7 天 × 24 小时无间断工作，并且拥有相当于人工效率 15 倍的超高工作效率和几乎为零的差错率。RPA 具备较强的管控能力和审核能力，能够追踪所有流程步骤，提供自动校验和流程检查功能，并且机器人的使用规模可以按需求随时调整，因此 RPA 是低成本、低风险、高效率地重塑财务流程的方法。

图 6-1 认识 RPA

如图 6-2 所示，在企业管理实务中，并不是所有的流程都适用于 RPA 技术。适合被 RPA 技术替代的企业工作一般具有 5 点特征。

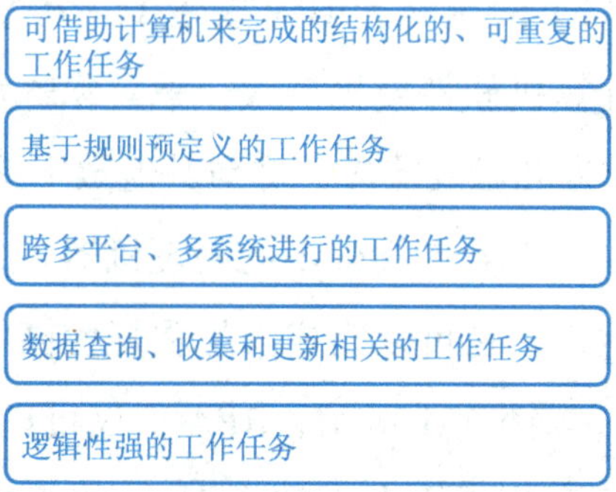

可借助计算机来完成的结构化的、可重复的工作任务

基于规则预定义的工作任务

跨多平台、多系统进行的工作任务

数据查询、收集和更新相关的工作任务

逻辑性强的工作任务

图 6-2 适合被 RPA 技术替代的工作特征

由此可见，RPA 关注的重点是一些重复性高、业务规则标准化程度高、有明确规则的业务流程。因此，RPA 可以广泛应用于财务业务领域。通常财务流程会有几十个甚至上百个需要执行的小任务，每项任务之间相互承接，完成一个任务后才能开始下一个任务；审核发票时也需要多次复核防止出现作业失误，因此，财务工作可以充分使用 RPA 技术替代人力投入，高效完成低附加值的基础财务作业。如图 6-3 所示，目前最常使用 RPA 技术的场景主要有单据信息传递、三单匹配、对账结算、发票查验、开票审核等。

以应付结算环节为例，通常一个完整的应付流程应该为：维护供应商数据→提交采购请求／采购订单→收货确认→收到供应商发票→三单匹配→调整差异→建立付款日期→准备付款→批准付款→付款执行→记账。在上述流程场景中，绝大多数业务环节都可以采用 RPA 技术来协助完成，例如，RPA 技术可以协助企业进行供应商信息更新、采购申请创建、物流信息查询、采购计划更新、收货确认提醒、三单匹配核对、价格核对、付款差异检查、信用检查以及银行对账等。这些环节的自动化应用，会在很大程度上提高应付流程的执行效率和质量。

　　再以对账环节为例，财务人员在期末需要耗费大量精力将业务单据和发票进行核对，但是由于财务人员并不了解业务实质，导致对账工作烦琐耗时。应用 RPA 技术后，RPA 技术可以在企业共享中心按照订单状态提取出对账清单，与商城平台和商旅平台中的订单进行核对，核对状态及金额，核对完成后生成相应凭证，快速便捷，可以减少财务人员 90% 以上的工作。

图 6-3　RPA 的应用场景

　　RPA 在企业财务共享中心中的深入应用，将从以下 6 个方面给企业带来管理价值。

　　一是降低成本，减少人力资本投入。

　　二是将员工从枯燥烦琐、重复性的工作中解脱出来，让员工从事一些具有高附加值的工作。

三是机器人 7 天 × 24 小时的连续工作可以降低高峰期工作量，提升相应速度，RPA 会通过缩短服务客户的周期来增加收入。

四是减少花费在流程执行过程中的时间，提供更快速、流畅的客户体验。

五是机器人的使用规模可以按需求调整，在高峰期增加机器人投放量，提高单据处理量，在低峰期减少机器人投放量，降低成本。

六是提高业务财务工作质量与合规性，目前 RPA 技术的差错率可以降低至 0.05%。

6.1.2　RPA 是实现智能财务的第一步

在财务管理领域，RPA 技术基本覆盖了财务运营管理的方方面面，如账单管理、报表管理、预算管理、信用管理、税务管理、流程控制等。依据每个企业流程的规范化、标准化程度不同，RPA 技术应用的范围也不同。

但是，RPA 技术仍然不是真正的智能财务。RPA 技术应用的实现基础依然是传统的流程规则的明确，它是针对企业现有信息系统提供的外挂自动化软件，对企业已经存在的系统、应用和流程，不会有任何的影响，而只是把需要人工操作的部分变成机器代替人来操作。

而智能财务的实现基础，是机器的自我学习、自我认知能力。RPA 不仅仅是只包含一个基于明确规则的自动化机器人，而是综合运用了人工智能的多项最新的技术，例如图像识别技术、语音识别技术、自然语言处理技术、语义解析技术、规则与流程引擎技术、机器深度学习技术等人工智能相关技术，为企业提供多场景、全方位的智能财务服务。以实际的应用场景举例，真正的智能财务机器人，不仅要能自动化执行相关操作，如自动生成凭证、自动对账、自动月结、自动付款、自动报税等，同时还要具备自我学习、自我纠正的能力，通过机器的自我学习使自己的功能愈加强大。

从整个人工智能在企业管理中的应用过程来看，要实现企业财务运营智能化，先后需要经过业务流程自动化平台、机器人流程自动化（RPA）、自然语言识别技术、智能／认知计算、模型化业务等几个阶段的发展与沉淀。因此，RPA 技术的深化应用与积累，将会是企业实现财务运营智能化的关键。

6.1.3 A 集团的 RPA 应用案例

虽然我国很多大型企业集团已经开始使用 RPA 技术代替人工劳动以提升工作效率，但是目前市场上的 RPA 软件，主要是在引进国外 RPA 技术基础上进行定制化开发的，除实施费用外，还要根据业务场景数量交纳版权费和开发平台费，落地成本和后期运维成本较高。

2017 年，A 集团自主研发国内首个商用 RPA，并将其应用于财务和资金领域。例如，将 RPA 技术应用于将非直联银行账户交易明细导入资金系统的业务场景，实现了异构系统间的数据传递，预计释放了人工量 626 小时，可大大降低人工成本。

在 A 集团的 RPA 二期计划中，A 集团将 RPA 部署至智能系统（Business Intelligence BI）模块中，实现 BI 模块自动取数，提高管理报表的时效性。Oracle 系统的 BI 模块，是 A 集团财务共享中心月结工作的关键，涉及 300 余张表的取数维度配置、表样整理和定式保存。该工作未使用 RPA 之前，A 集团财务共享 3 名业务员工和一名系统支持员工共同面临以下痛点。

（1）不同报表的数据维度配置不同，容易混淆，查找操作手册费时费力。

（2）员工需要守在电脑前及时保存生成的报表，否则系统会自动删除长期未保存的报表。

（3）工作枯燥，重复性高。

为了解决 BI 取数制表工作的诸多痛点，A 集团将 RPA 技术部署至 BI 模块中，在该场景中，RPA 能够做到以下几点系统升级。

（1）读取邮件获得启动命令，只要电脑在开机状态，提数邮件到达邮箱就能自动开始运行。

（2）联动勾选 select 框，完成 BI 取数 300 余张表的取数维度自动配置。

（3）运用句柄技术，同时巧妙结合简单的图像识别，完成取数页面状态的实时监控，自动确定跑表是否完成。

（4）后台封装表格处理函数，导表瞬间自动完成表格命名、格式调整和分类保存。

现在，BI 取数制表工作无须人工操作，RPA 收到启动命令后，会同时打开 15 个 BI 取数页面，联动配置维度后开始跑表。当有表格完成时，机器人第一时间就能锁定，执行导出的同时补充新的 BI

取数页面进行跑表。而导出一步即完成了表格自身的规范处理。"开启页面—配置维度—锁定完成—补充新页面—配置维度……"如此循环，24 小时作业，直至 300 余张取数报表全部生成。

随着 RPA 技术不断升级拓展，共享系统越来越自动化、智能化，将进一步推动财务共享中心实现人力解放和财务转型。

6.2　OCR：让系统会"看"

每月，企业当中会有上千笔的员工报销以及合同报销业务，所有的发票归结至财务共享中心处理后，带给财务人员的工作量十分显著。若是按照传统的发票处理方式，财务人员需要手工录入发票信息，不仅准确率难以保证，还会出现很多发票无法及时处理也就无法及时入账的问题，财务人员需要花费大量的时间在这种低附加值的工作上。在传统财务发票信息采集过程中，财务人员需要经过以下4个步骤。

（1）人工整理原始财务发票。企业每月都会产生多种财务发票，如增值税专用发票、增值税普通发票、汽车销售发票、餐饮发票、火车票等，财务人员需要将各种发票进行归类。

（2）扫描财务发票获得影像。财务人员将所有财务发票扫描形成图像，以图片形式存档，防止原始发票误更改，方便后期核对。

（3）财务人员手工录入。财务人员需要将发票上的必要信息手动录入系统中，便于税务认证和制证工作。

（4）凭证审核。在这一过程中，财务人员耗费大量时间用于录入发票中的财务信息，还会设置多步骤反复审核，耗时耗力，极易出错。

在新技术时代，很多企业采用智能财务发票信息采集技术，利用 OCR 扫描识别技术，自动对采集扫描后的增值税发票等财务发票上的信息进行文字识别，把上面的信息从扫描图片上识别出来，并输出 Excel 表格，或者直接录入财务系统。与传统的人工手动录入数据相比，这大大地减少了工作量，显著提高了准确率。

6.2.1 认识 OCR

OCR，又称光学字符识别，是读取图片、照片上的文字内容并将其自动转换为可编辑文本的技术。OCR 技术应用的目的是对不可编辑的图像上指定位置的字符予以读取，并将其转换成计算机文字，最终使识别结果可再使用及分析，从而节省人工使用键盘输入耗用的人力与时间。在财务中，应用 OCR 技术最多的就是财务发票的处理工作。通过引入 OCR 技术，发票上的财务信息被自动录入系统，无须手工录入，使共享模式下会计记账信息的自动提取、自动转换和自动记账成为可能。

下面以费用管理业务为例，介绍 OCR 技术的一个应用场景。

企业员工在报销时需要提交报销发票，员工首先用手机对发票拍照，将照片上传服务器，服务器自动做 OCR 识别，识别出发票的代码，然后再通过与税务局的接口拿到发票的结构化数据，自动进行验证，自动识别这张发票税额和商品金额是否匹配以及发票数据和结构化数据是否有差异，通过查看发票的影像，可以查出问题产生的原因。系统通过 OCR 的方式进行发票自动识别、验真、防重，大大提高了业务处理的自动化程度，让报销流程更加便利，可以省去填写表格等多余环节，提高报销速度，有效防止重复报销。

目前，在财务领域 OCR 技术应用主要分成以下两个模块。

1. 识别确认模块

OCR 影像识别的基础工作为定义识别引擎模板。模板根据位置、识别区域来确定影像中要转换为电子信息的内容，通过标示项由引擎自动定位确定影像区域，模板定义时可对识别内容进行校正。识别模板可以识别影像文件中的任何内容。OCR 识别了发票代码、发票号码、发票日期、金额、税额、总额、购方税号、销方税号 8 个识别项后，形成结构化数据，用于认证、记账等流程。

2. 记账应用模块

在财务共享中心中利用 OCR 识别结果，提升记账信息集成度，提高核算记账效率和质量。共享中心模板使用 OCR 识别结果，系统在初始形成凭证预制信息时，会根据 OCR 识别的结果对行项目中的税行进行预录入，按照识别信息逐行生成"应交税费——增值税"行项目，并写入税额、税码信息，完全替代人工维护税金行项目工作。

6.2.2　影像系统 +OCR：从原始单证中提取结构化数据

企业建立财务共享中心后所面临的一个矛盾就是集中办公的要求与原始凭证分散产生的矛盾，因此，企业会相应地建立影像管理系统，将各地区、各项目产生的原始凭证扫描形成电子文件，传送至财务共享中心，其中以发票管理最为显著。

如图 6-4 所示，OCR 技术从影像识别到结果输出，一般需要经过影像形成、OCR 识别、人工确认、信息记账应用、增票电子认证等 5 个环节。

图 6-4 OCR 应用场景流程

（1）影像形成。将纸质单据发票交由共享中心进行扫描，形成电子影像上传至影像系统。

（2）OCR 识别。后台利用 OCR 技术自动识别业务影像。首先识别出增值税发票并进行票据类型分类，然后对增值税发票关键记账信息进行识别并回写至用户确认界面。

（3）人工确认。在实际财务工作中，OCR 技术还难以全部识别规格及内容多样的会计原始凭证，但是对于增值税发票等标准统一的格式化票据，识别准确率近95%。为了保证数据的准确一致，需要安排少量员工对关键信息进行核对。

（4）信息记账应用。将确认的影像信息转换成结构化电子数据，通过与记账系统自动集成，自动生成记账凭证中的科目。

（5）增票电子认证。识别后的结构化数据推送至电子认证模块，与国家税务局电子发票勾选认证系统关联，实现记账后发票依据 OCR 识别的发票代码自动认证。

企业将影像系统和OCR技术结合，可减少增值税发票核验时间，提高会计核算效率，从而促进共享流程标准化和财务人员转型，推动业务财务工作流程化、自动化、智能化进程，其具体表现如下。

（1）减少增值税发票核验时间，提高会计核算效率。OCR识别结果自动按照发票类型、税率等维度进行汇总，代替原有的线下使用计算器或电子表格等手工统计方式，降低差错率。

（2）促进共享流程的标准化。通过OCR影像和记账系统结合，推动会计核算智能化进程。会计核算的专业化再分工，使得会计核算流程更加标准化，流程化处理、自动化制证等特点提高了共享中心的工作效率。

（3）人员结构优化。通过将发票核算自动集成到记账步骤，减少了企业维护凭证信息的工作量，进一步降低了手工录入凭证信息出错的可能性，使记账的准确率提高。在工作流程上，将OCR确认从记账过程中独立出来，实现了非财务人员参与会计核算，促进了专业化分工。对从事该项工作的员工的技能要求降低，从而间接降低成本。

6.2.3　机器学习+OCR：提升识别率和识别范围

目前普遍使用的OCR识别技术，先要对图像进行清晰度判断、版面分析、直方图均衡、灰度化、二值化、倾斜校正、字符切割等预处理，得到端正、清晰的字符图像；再用字符识别和语言模型，对文字进行识别；最后通过后处理，输出文本结果。

由于这种方法为在不同场景下对图像进行适应性调整和处理过于依赖图像处理算法，对纸张的摆放位置、拍照的光线环境、扫描仪的精度等有较高要求，很大程度上限制了文字识别准确率的提升。

　　基于机器学习的 OCR，能够通过使用大量被标记的数据进行监督学习，让 OCR 自主优化提升识别准确率的算法。在针对同一性质的原始单据进行大量的监督学习训练后，系统的 OCR 识别效果可以显著提高。

　　这种"机器学习 +OCR"方法的应用，让机器不再只能识别"清晰、端正的文字"，而还能识别"倾斜、相对模糊的文字"，并且支持更多的字体。这不但省去了主流方法繁杂的预处理和后处理工作，将模型训练时间从以月为单位降低到以天为单位，更是将 OCR 技术的字准确率提高到 99.9%，行准确率（一行字全部识别正确）从 80% 提高到 98%，实现了跨越式进步。

6.3　智能引擎：让系统运转

6.3.1　规则引擎：流程推动器

在共享系统中内置了大量的规则，包括流程的顺序规定和审批条件的限制等。以合同付款单为例，采购专员提交了一张合同付款单，采购原材料共 12 万元，该单据提交后必须交由采购经理审批，这就是规则。共享系统中的规则是根据流程设计的，当流程改变时，规则也会随之改变。例如，一旦企业增加一条付款规定，低于1 000 元的付款单无须审批，1 000 元至 10 万元只需采购经理审批，超过 10 万元的付款单需要采购经理和财务总监双重审批，则此时共享系统需要更新内置规则。

在传统的软件开发中，程序员会事先根据业务需求设计软件处理流程，然后将该流程用代码实现，如在上述流程需求下，财务人员需要找到 IT 技术人员提出需求。在实务中，反复的业务规则修改，会导致开发人员的需求量大且代码维护成本成倍增加。

而规则引擎将业务流程从软件系统中剥离出来，开发配套的规则编辑器让专注于设计流程和规则的业务人员使用。针对上述流程需求，业务人员只需要在规则编辑器里新增两条规则即可——低于 1 000 元不审批，超过 10 万元继续提交给财务总监审批。规则引擎的应用可大大降低系统的更新维护成本，实现快速的规则管理。

1. 什么是规则引擎

规则引擎由推理引擎发展而来，是一种嵌入应用程序中的组件，实现了将业务决策从应用程序代码中分离出来，并使用预定义的语义模块编写业务决策。接受数据输入，解释业务规则，并根据业务规则做出业务决策。

使用规则引擎可以在应用系统中分离商业决策者的商业决策和应用开发者的技术决策，并把这些商业决策放在统一的地方，让它们能在系统运行时动态地进行管理和修改，从而让企业保持灵活性和竞争力。

规则引擎的应用场景往往是需要应对多变的、复杂的业务场景，要求业务规则变更能够更加快速和低成本。财务共享中心流程多、规则性强、需要灵活调整的特点为规则引擎的应用提供了平台。财务共享中心使用规则引擎技术后，给共享服务中心的运营和管理带来的改变如下。

（1）规则引擎提供的是自然语言而不是一系列复杂代码，使用人员能够较容易地读懂业务规则，因此，可以将业务规则交给业务人员处理，而且业务人员无须精通 IT 知识。

（2）提高业务灵活性，业务人员可以随时对规则进行修改和进行业务扩展，符合共享中心对规则能够快速响应客户需求的要求。

（3）加强业务处理的透明度，业务规则可以被管理。

（4）减少业务、财务部门与 IT 部门之间的依赖和矛盾，各司其职。

（5）减轻 IT 部门的工作压力，降低系统的维护成本和维护难度。

2. 知识图谱 + 规则引擎

知识图谱，是一种基于有向图的数据结构，由节点及有向边组成，图中的每个节点被称为实体，有向箭头代表实体间的逻辑关系。图 6-5 是一个简单描述旅游景点的知识图谱。

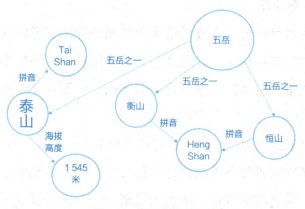

图 6-5　旅游景点知识图谱

知识图谱就像系统的一个知识库，它让系统从"关系"的角度去思考问题。例如，在图 6-5 所示的知识图谱中，系统可以获取"泰山的海拔高度是 1 545 米""衡山和恒山的拼音都是 Heng Shan"等知识。

知识图谱经常被应用于以下两种场景。

（1）查询理解。商业搜索引擎如百度等都会对查询词进行实体链接，返回与实体相关的结构化信息。如图6-6所示，搜索乒乓球，在旁边的知识树会出现与乒乓球有关的乒乓球运动员的链接。

图 6-6　搜索引擎运用知识图谱

（2）知识问答。在知识图谱结合自然语音处理技术后，计算机能够理解人类的语言。如在搜索引擎领域，传统的搜索引擎在接收到"康熙的儿子是谁？"这样的搜索内容时，仅仅是返回如"百度知道"提问"康熙的儿子是谁？"或"百度百科"与康熙相关介绍，这些网页内容包括"康熙""雍正"和"父子"等。但是通过知识图谱，搜索引擎可以直接返回"雍正"这个搜索结果，搜索结果更加精准高效，更加简洁实用，以减少无用信息。

在财务领域，当财务共享中心引入基于知识图谱的智能财务规则引擎后，共享系统就能够"听懂"管理层的要求了。

例如，在业务员准备出差订机票的时候可以采集语音。业务员说"订明天从北京到上海的机票"，系统会自动识别语音，把机票信息列出来，业务员筛选出合适的航班后就可以提交机票申请。基于交易管理，系统会自动生成一个出差申请单，这个订单会附带着发票信息。如果这张机票的价格超过了企业的差旅标准，先要对机票费用进行说明，再进行费用分摊，可能会在多个部门、多个项目之间进行分摊。同时，管理者能实时看到系统相关信息，如业务员乘坐什么样的航班，费用归属在哪个项目中等。如果管理者发现项目分摊有问题，可以直接通过人工智能的方式创建一条单据的控制规则，用自然语言告诉系统新的管控规则，系统就会自动识别并创建一个新的控制规则，并保存在系统中。当业务人员再次提交单据时，就会收到新控制规则的提示。

这就是基于财务的知识图谱，以及基于规则的专家支持体系。不管是控制规则、风险识别规则还是账务处理规则，都是非常明确的会计规则。利用知识图谱和语音交互，让系统能够理解管理意图，企业的管控就会更加智能化。

6.3.2　会计引擎：业财语言翻译器

1. 什么是会计引擎

在业财一体化的大趋势下，企业经营中的三大主要流程——业务流程、会计流程、管理流程趋向融合。实现业财一体化的关键是让业务理解财务，让财务支持业务，即让财务数据和业务数据融为一体。在实际情况中，财务和业务数据很难相互融合，原因主要是虽然财务系统拥有统一的会计语言，以会计凭证为记录载体，以会计报表为展示工具，一个会计在看到其他会计做的分录后能够理解分录背后的经济实质，但是业务系统并没有统一的业务语言。每天企业中会发生很多种类的业务，分别对应着企业中不同的业务系统，这些业务系统中的信息在没有整理和标准化之前，很难直接被业务人员解读和理解。而且业务系统涉及的业务面越来越广泛，给每一种业务系统规定一套会计核算规则的方法也会随着业务的发展和分化而越来越复杂。因此，企业需要一个自动化的决策工具，帮助企业准确、快速地将业务语言转换为财务语言，这就是会计引擎。

如图 6-7 所示，会计引擎是业务系统和会计系统之间的中间件，是会计核算系统前置的统一决策系统。它的功能是自动收集业务交易产生的凭证信息和财务会计手工录入的凭证信息，然后根据系统预设的会计规则，自动将采集到的数据生成明细账、总账和财务报表，从而简化业务流程。它就像是一个业务财务语言的翻译器，将业务语言转换为财务语言，以实现业务财务数据的对接。

会计引擎的工作原理并不复杂，它靠事件推动，集成业务系统和会计核算系统，通过系统产品、事件和场景，将业务内容拆分成交易信息、计量信息等会计核算内容，按照统一的、独立的会计核算规则，生成明细账和总账。

图 6-7　会计引擎工作原理

2. 会计引擎的优势

会计引擎在业务流程中就像传统的会计人员，相当于一个做账机器人。会计引擎的使用可以给共享中心带来如下优势。

（1）简化会计流程。不需要给每一个业务系统配置一个会计核算规则，统一的会计引擎可以一端对接所有的业务系统获得业务数据输入，另一端对接核算系统或者管理会计系统。所有业务信息归纳后由独立的会计引擎平台集中处理，转换为财务语言，减少系统的重复记账。

（2）提高系统的灵活性。由于会计引擎是独立的模块，财务系统和业务系统的迭代升级不会互相影响。例如，如果业务系统做了修改，只需要维护会计引擎，更改会计规则模型即可。

（3）无须同步处理业务和财务，提高系统对业务的吞吐量，提高对客户需求的响应速度。

（4）统一数据标准，财务数据可追溯，业务数据可延伸，为企业财务管理提供可靠、标准化的数据。

除此之外，随着技术的进步，会计引擎也可借助新的技术进一步提高财务业务数据对接能力。一方面，会计引擎可以使用机器学习技术，通过监督学习或者无监督学习等方式优化业务财务信息转化规则，提高会计引擎的转换速度和转换准确率；另一方面，会计引擎也可以使用区块链技术建立分布式账本，提高会计引擎转换结果的可追溯性，保证数据的安全性和准确性。

第 **7** 章

运营管理篇：新技术＋新管理

7.1 影像及会计档案管理

随着企业财务共享中心建设及信息化工具的应用，从事财务核算工作的财务会计人员的工作方式也将发生重大变化，其中一项重要变化就是不见单审核，即通过原始会计单证的影像件进行财务核算。在新技术的应用下，影像及档案管理在财务共享中心建设中的定位在发生变化，如何合理利用档案管理信息化工具助力企业财务共享服务落地也成为企业的探索方向之一。

7.1.1 会计档案

1. 3种企业会计档案

会计档案主要涉及四大类，即会计凭证、会计账簿、会计报表及其他会计核算资料。随着信息系统的广泛应用，绝大多数企业都已经拥有完善的财务系统或 ERP 系统，会计凭证、会计账簿及会计报表均可以通过企业财务系统或 ERP 系统记录或通过打印的方式输出纸质资料。财务共享模式下的企业会计档案不仅包括能在财务系统或 ERP 系统中记录的结果性档案，也包括记录前端业务过程的各类单据、形成财务核算结果的会计档案、为财务核算提供支撑的原始单证。

（1）业务单据。主要是在企业各项经济业务活动过程中形成的由业务经办人员发起并经领导签批的各类单据，这些单据可以是纸质的签字单据，也可以是在信息系统里面由业务人员发起并经过流程审批的按照公司内控体系内置于系统的单子单据。

（2）记录核算结果的会计档案。主要是指在财务系统或 ERP 系统中形成核算结果的会计凭证、会计账簿等会计档案，可以以电子形式存储于财务系统或 ERP 系统中，也可输出为纸质资料。

（3）原始单证。既包括可用于确认业务合规性的报告、合同等纸质单证，也包括用于确认财务合规性的发票或其他财务单证。

上述三类会计档案并不是孤立存在的，它们之间相互支撑、相互对应，如图 7-1 所示。

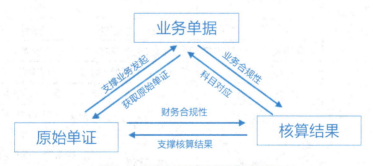

图 7-1　各类会计档案之间的相互关系

2. 会计档案管理

企业会计档案管理既要符合财政部、国家档案局颁布的相关条例和管理办法，又要符合企业的内控管理要求，同时还要能够支撑高效率、高质量的财务核算。在财务共享模式下，企业业务执行过程已由传统的线下模式转为线上模式，由业务系统进行管控；财务核算如记账、复核、支付等环节均通过财务共享系统来实现，且已与前端的业务系统进行了无缝集成。这就意味着，记录经济业务过程及反映经济业务结果均已经实现电子化，与之相匹配的附件，除了企业内部一些由领导签批的公文类文件、与供应商或客户签订的合同、原始发票等业务附件之外，对最终会形成会计档案的业务及财务附件，在财务共享服务模式下均以电子档案的形式进行保管和存储。纸质档案通过影像件（或电子档案）的形式进行保管和存储，并与原始纸质档案进行关联，如表 7-1 所示。

表 7-1　不同档案类型的产生和管理方式

档案类型	档案作用	档案形式	建议管理方式	电子档案产生方式
业务附件	判定业务合规性	申请单／报销单	电子档案	财务系统（ERP 系统）生成
		专用报告、合同	纸质档案＋影像件	扫描
		非发票类其他纸质单据	纸质档案＋影像件	扫描
财务附件	判定财务合规性	纸质发票	纸质档案＋影像件	扫描
		电子发票	电子档案	第三方提供
		会计凭证	电子档案	财务系统（ERP 系统）生成
		会计账簿	电子档案	财务系统（ERP 系统）生成

7.1.2　影像系统的 3 种建设模式

企业财务共享中心建设以信息化技术为基础，根据众多企业财务共享实践发现，影像系统已经是财务共享中心不可缺失的系统之一。但不同企业对影像系统的认知和建设模式存在一定差异。

影像系统在财务共享建设过程中的定位可以从 3 个方面来描述：第一，影像系统是财务共享中心的重要组成部分，但不能将影像系统与共享中心混为一谈；第二，影像系统的最大价值在于解决企业下属异地分支机构单据传递及核算效率的问题，借助原始单据的影像件进行财务核算，在核算效率层面为企业带来更大的价值；第三，随着一些前沿技术（如 OCR）的应用，企业通过影像系统来提取原始单据影像件上的关键信息并形成结构化数据，并将得到的数据与共享中心里已有的业务数据自动进行比对，以减少财务人员的审核工作量。影像系统建设通常有以下几种模式。

（1）初级模式。不购买或建设专业影像系统，仅在财务共享中心各业务受理点通过扫描仪将原始单据扫描为影像件，并以附件形式存储在共享中心。

（2）中级模式。通过专业影像系统进行原始单据的影像化并对影像件进行压缩、纠偏等操作，同时将影像系统与共享中心对接，实现影像的调用、传递、归档，并将影像件存储在影像系统中。

（3）高级模式。通过专业影像系统进行原始单据的影像化并对影像件进行压缩、纠偏等操作，将影像系统与共享中心对接，利用 OCR 等技术来提取影像件上的要素并与共享中心中业务单据的要素自动进行比对。此种模式下，因当前 OCR 技术不能 100% 地识别影像件上的相关要素，所以会存在少量的手工操作（如手工填写、手工纠偏、手工比对等）。

不同影像系统建设模式对比情况如表 7-2 所示。

表 7-2　不同影像系统建设模式对比

模式	实现难易程度	企业投入	适用的共享中心类型
初级模式	容易	低	1. 纳入共享的业务较少 2. 单据量少 3. 对影像系统功能要求不高，对影像文件精度要求较低 4. 对影像系统投入较低
中级模式	比较容易	中	1. 纳入财务共享中心的业务较多 2. 单据量大 3. 对影像系统有一定功能要求，对影像文件精度要求较高 4. 对影像系统建设有一定投入
高级模式	比较难	高	1. 纳入财务共享业务较多 2. 单据量大 3. 对影像系统有较高功能要求，对影像文件精度要求较高 4. 有使用 OCR 等技术 5. 对影像系统有较大投入

企业在进行财务共享中心建设的过程中，可以选择适合企业管理需求的影像系统建设模式，但需要考虑以下几个要素。

（1）财务共享中心的职能定位。财务共享中心作为一个专业的第三方机构为成员单位提供财务核算服务，但不同企业对财务共享中心的定位却不尽相同，呈现出几种不同的类型：按照处理的业务范围来区分，可以分为专业业务共享中心或全业务共享中心；按照共享中心服务对象的地域来区分，可以分为区域财务共享中心、全国或全球财务共享中心。一般而言，处理的业务越多、服务的单位地域越广，对影像系统的要求就会越高。

（2）企业单据量。企业的单据量大，需要更专业的影像系统来对影像及档案进行管理；企业的单据量小，则可以通过简单的模式进行影像及档案管理。

（3）企业对影像件质量的要求。企业对影像件精度要求（如清晰度、单个文件大小等）越高，则需要越专业的影像系统；企业对影像件的精度要求低或者没要求，则可以通过简单的模式进行管理。

此外，影像系统的建设还涉及前端进行影像采集的工具。目前，进行影像采集有多种工具可选，包括手机、高拍仪、平板扫描仪、高速扫描仪。根据不同的业务类型或不同的财务共享业务受理模式，可以选择不同的影像采集方式，如表 7-3 所示。

表 7-3　不同的影像采集方式

影像采集工具	手机	高拍仪	平板扫描仪	高速扫描仪
工具展示				
适用范围	个人业务，由业务人员自行采集	财务共享分部（或单据量少的业务单位），成本较低	财务共享分部（或单据量少的业务单位），成本稍高	单据量大，需要进行影像扫描较多的共享中心总部（或分部）

7.1.3　影像及会计档案管理的 4 个关键点

在财务共享模式下，影像及档案管理有别于传统模式下的档案管理。传统模式下的会计档案与业务单据是相互孤立的，这给档案查阅、审计等工作带来了诸多不便。而财务共享模式下，影像管理及条码技术的应用，不仅提高了财务共享中心作业的质量和效率，也为档案的成册、入库、查阅、借阅、审计等工作带来了极大的便利。如图 7-2 所示，在财务共享中心建设过程中，对企业影像及档案管理有一些关键点需要关注。

1. 会计档案影像件与业务单据的关联性

在财务共享模式下，为了提高业务审核及财务核算效率，通常会通过电子业务单据及原始会计单据影像件来进行业务审核及财务核算，需要通过技术手段将会计档案影像件与业务单据进行关联。通常，以业务单据编号（如报销单号等）作为唯一 ID（Identity document）来关联业务单据与影像件。业务单据编号在业务发起的会同时自动产生，可以通过打印报销单并进行票据粘贴或粘贴单据后手工填写业务单据编号的方式，在进行影像扫描时通过业务单据号将系统业务单据与影像件进行关联。

2. 会计档案影像件与纸质会计档案的关联性

在财务共享模式下，业务单据与纸质会计档案可以实现双向追溯。即通过系统业务单据可以追溯到后端的纸质会计档案，也可通过纸质会计档案追溯到系统业务单据。这就需要会计档案影像件与纸质会计档案能实现一一对应关联。

3. 业务单据与记账凭证的关联性

在财务共享模式下，业务单据存储于共享中心中，记账凭证存储于核心财务核算系统中。可以以"业务驱动的财务核算"为指导思路，实现业务单据驱动核算系统自动记账，将记账凭证信息与业务单据实现关联。通过业务单据与记账凭证的关联，也就实现了业务单据、影像件、纸质会计档案、记账凭证等 4 个要素的关联，即可实现通过任意要素都可以查看完整的业务链条。

4. 查阅的便捷性

影像及档案管理除了在业务过程中的应用，其后期的成册、入库、查阅、借阅、审计、销毁等与档案相关的管理工作也尤为重要。这个过程中任何一个环节都涉及影像件及纸质会计档案的查阅。为了查阅的便捷性，可以通过条码、OCR 等技术手段来实现快速查阅。例如，给每一张业务单据对应的原始纸质会计档案赋予唯一的一维条码，再给达到成册条件的一本档案册赋予唯一的一维条码，这样就可以通过扫描条码来实现快速的档案查找。

图 7-2　影像及档案管理的关键点

企业财务共享中心建设是一项系统性工程，以提升财务管理水平、促进企业管理升级为目标。影像及档案管理作为财务共享中心重要的系统构成，可以帮助财务共享中心提升服务水平和信息化水平。企业在进行财务共享中心建设的过程中，要充分考虑现有管理水平及未来的发展，对影像及档案管理信息化工具的建设也要充分考虑企业当前需求，并结合纳入财务共享中心的业务模式，据此选择适合于企业管理要求和未来发展的信息化工具，真正为企业创造价值。

7.1.4　B 集团的档案管理实践

B 集团是国内知名家电企业，也是企业财务共享中心建设的先驱。B 集团财务共享中心建设以"业务驱动的价值管理"为理念，其各项业务都有对应的业务支撑系统，并与会计服务系统（财务共享运营平台）进行无缝集成。B 集团在业务审核及财务共享中心记账环节启用了影像管理，将业务合规所需要的原始单据（如发票、合同等）通过扫描的方式转化成影像件，并启用条码技术将影像件与原始单据进行关联。同时，业务系统里的单据可以直接驱动 SAP 系统产生记账凭证，从而实现了业务单据、影像件、原始单证、记账凭证的一一关联。

如图 7-3 所示，以费用业务为例，B 集团通过统一业务平台发起费用业务的申请及报销，在报销环节系统会自动生成以 R 开头的报销单编号，业务人员在发起报销后将原始发票粘贴在一起，并注明报销单号交予共享中心业务受理人员。共享中心业务受理人员作业时通过检索报销单号定位到统一业务平台里的报销单，并将原始单据扫描成影像件，扫描完成后粘贴一维条码并扫码，从而实现了报销单、影像件、原始单据的关联。对达到成册条件的影像件及所对应的原始单据，会计服务系统会根据设定的阈值自动提醒成册装订。会计档案管理人员根据提醒将已经达到成册条件的整本档案册清单进行打印并与原始单据装订成册，将打印好的清单作为该册档案的首页。对于装订成册的档案，会计档案人员会附上一张一维码并扫码，从而实现档案册与所包含的档案清单的关联。

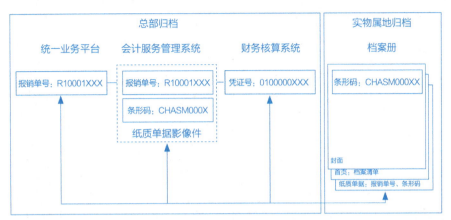

图 7-3　B 集团影像及档案管理实践

对于实物档案，B 集团总部所在地的会计档案统一由 B 集团财务共享中心保管，异地分支机构的实物档案管理采取属地化管理原则；而对于统一业务平台的系统单据、会计服务系统影像文件及核算系统的记账凭证则统一归档在 B 集团总部服务器中。这样的管理方式实现了标准化、规范化的影像及档案管理，为 B 集团各项业务的双向可追溯及在线审计提供了有力的支撑。

7.2 作业派工机制

对于企业来说，财务共享服务平台的搭建，只是开启了企业流程化、标准化管理的第一步，其后期的运营管理同样重要。只有共享服务体系的运营能力不断优化，整个企业组织才能获得不断前进的动力。

而在共享服务平台运作能力优化方面，财务共享服务平台的作业派工机制发挥着极其重要的作用。在共享服务模式下，财务共享服务平台通过一定的规则对工作任务进行分配，并将之与员工个人绩效挂钩，可以帮助整个财务共享服务组织更加掌握业务周期与员工作业能力间的均衡，提升员工的积极性，实现工作效率的提升，进而提高整个财务共享组织的服务能力和服务质量。

7.2.1　从作业派工、云抢单到财务众包

1. 作业派工

传统的财务模式和财务共享服务模式之间的根本区别在于财务共享模式是基于流程驱动进行任务推送和跨组织操作的。众所周知，在传统财务模式下，很多财务工作具有一定的自主性，如制作凭证、审单等工作，这些几乎是每个财务人员必须要做的工作。但在传统财务模式下，财务人员是今天处理还是明天处理，完全依据财务人员的自主性来确定，且就工作量而言，财务人员做多做少也是全凭个人自觉。而在财务共享服务模式下，这些工作都将会被流程化，流程会提醒财务人员有相应的凭证要做，并可将任务推送给不同的人员来处理。

在进行作业派工时，系统会将前端所有审批完成的单据统一传送至共享中心"任务池"，并根据相应的派工规则，对财务共享服务平台的员工进行公平且有效率的任务分派。

以海大集团为例，在作业派工规则中，海大共享服务平台引入了缓冲量概念。所谓缓冲量，体现为每天相应地共享会计处理单据的基准量，系统根据设置的缓冲量值，实现自动派工，达到缓冲量值时，则停止派工。在法定节假日，系统不自动派工，当需要在节假日加班时，则支持手工设置为工作日。

在派工方式上，可按任务池派工，即通过任务池管理，配合多种派工模式，满足多样化的分工需求；或按能力值派工，即依照员工能力值与职能结构，合理派发工作任务，使员工价值最大化。

当下企业的财务共享服务平台还能够对已分派单据的回退、取

回、二次分配等特殊情况进行处理。例如，单据拒回通常有两种方式：一种是整单拒回，单据直接回到提单人的操作页面中，修改后需要重新走流程才能进入共享中心的派工池里面；另一种是单独拒影像，单据状态变更为重扫中，此时，单据节点回到接单人员处，等待重新扫描影像，待影像重扫完毕提交以后，直接进入共享服务中心派工池进行处理，此种方式的优点在于不必再走流程，大大地节省了单据处理的时间。

2. 云抢单

除了在企业内部进行"自动派工"或"自动派工+手动派工"之外，云抢单也是当下财务共享服务平台中所常见的一种功能模式。

A企业的"云抢单"模式是最为典型的案例之一。在A企业共享服务平台建成以后，随着A企业业务的快速扩张以及集团大量的法人共享需求，A企业共享服务平台开始面临运营效率提升的瓶颈。对此，A企业财务共享服务平台打破传统观念，在行业内建立了"云抢单"机制：通过搭建"共享大抢单"平台，A企业将每一个会计交易处理需求转变为一个个在线可抢的订单，把处理不同交易节点的空余时间充分利用起来，由一人负责全流程变革为分团队、分段抢单，形成自驱动机制，让会计人员"云端办公"，转型成为"滴滴会计"。共享服务平台中的所有员工都可以通过云平台查看订单池信息，然后通过抢单来确保账务信息的及时入账。例如，A企业有42个区域中心，每个中心配备1~2名出纳人员，负责收款、记账。由于资金属性等原因，有可能北京的出纳人员在业务量大的时候，不能保证资金及时准确入账，但此时可能其他地区业务量较低，出纳人员较为空闲，那么其他地区的业务人员就可以进行"云抢单"。

A 企业的抢单机制的推出，有效解决了传统的固定人员负责制及订单需求和接单资源在时间、空间上难以协同的问题，使得组织运营效率大大提升，有效满足了 A 企业高速发展的需求。

3. 财务众包

相较于 A 企业，B 企业财务共享中心的财务众包模式在财务共享上又向前迈了一步。它把会计作业与互联网结合，即把会计作业进行极致拆分，通过众包平台发布到互联网，由互联网大众进行处理，最后平台整合任务处理结果形成企业记账及支付依据。这种财务众包模式在劳力、空间和时间上都实现了创新和突破。在空间上，相关人员无论是在路上、家里、公司还是在饭桌上，都可以进行操作；在时间上，专业工作将不在一条连续的操作流程中完成，而是将流程打散成若干个细小流程，由若干人员同时完成。

除了突破限制，B 企业众包平台还自带极致拆分、自动学习、降专业度等标签。所谓极致拆分，是指平台将单个业务处理拆分成最小待处理任务，将串行任务变为并行任务进行处理。将一个企业内部的报销单，拆分成 10 个小的任务，由互联网上 10 个不同的人处理，这样既能大幅提高处理时效，又能使企业一个业务不会被一个人全部了解，保证企业信息安全。

而自动学习是指平台自动记录每一个任务的处理结果，当一个处理结果相同的任务达到一定数量时，平台能够实现以后的任务处理自动化，取代人为操作。

从在企业内部进行自动派工，到位于不同区域中心会计人员的"云抢单"，再到突破劳力、时间和空间的财务众包模式，财务共享运营平台正展现出越来越多的可能性。财务共享中心的组织边界呈现出日益模糊化、动态化的特点。共享中心的岗位任务定义越来越清晰，而岗位却逐渐虚拟化。

7.2.2　作业派工与绩效管理

在共享服务平台的组织架构中，财务共享中心人员是最为主要的组成部分之一。他们不仅是服务产品的直接生产者，同时也是组织内最为活跃的成员。从此种意义上来看，运营人员的绩效关乎组织绩效，只有在与组织绩效保持一致的情况下，对运营人员的激励才能促进财务共享中心实现组织目标。

就共享中心的绩效管理而言，最重要的是通过公平的量化绩效进行考核，并形成多劳多得的考核导向。而多劳多得的考核方式，在实务中，主要是通过作业派工模式下的计件来实现的。将员工绩效与作业派工机制相关联，能在最大程度上提高员工抢单、审单的积极性，从而更好地提高财务共享中心的服务质量。

还是以 A 企业为例，在具体的实践中，A 企业将抢单机制和个人绩效、薪酬挂钩，形成了具有 A 企业特色的"人单酬"机制。在共享中心，每个员工都有一张损益表，记录员工个人的收入项、费用项和损失项，作为薪酬兑现的数据来源。通过事前预酬、事中抢单、事后绩效挂钩并优化，每位员工都成为自驱动、自运转、自创新的自主经营体，不仅实现了运营效率的持续增长，也实现了员工与企业的双赢。以资金收款为例，人单酬损益表的收入项以工作的实际完成情况为基数，而不是定岗定价的固定薪酬模式，员工可以通过"抢单"机制，获得超值收入。

在作业派工机制下，对运营人员进行绩效评价可从每个员工的业务数量、一次性成功比例、差错率等几个维度进行考核指标设计。

如在海大集团，会以 40 件／天为基准量，通过共享会计的"基准处理量＋抢单"进行等级绩效考核：40~60 件／天处理量为一级绩效；60 件／天以上处理量为二级绩效。如当日未处理完毕，第二日派单维持以上标准，确保共享会计每天的单据处理量。

此外，在作业派工机制下，在进行绩效指标设计时，简单的计件并不一定会带来公正的绩效评分。例如，财务共享中心主要以处理诸如应收、应付业务为主，通常情况下，数量是以实物票据的份数来计算的，但需要指出的是，同样一份实物票据，其业务处理的难度却是不同的，如果在此种情况下，仍简单地将其都归集为一个工作量单位，显然有失公平。这种情况下，一个可行的方法是分析单据类型，把工作量最低的一类单据作为标准单，其他单据的工作量相对该类型单据的倍数视为标准单系数，从而将各类单据转换为相同的计算口径。

例如在海大集团，由于每张单据的处理量不一，在设计时缓冲量值与单据系数有直接关系。例如，单据 A 的单据系数为 2，单据 B 的单据系数为 4，则当缓冲量一样时，单据 B 的处理量要比单据 A 的处理量大一倍，此时绩效考核的结果是公平的，有利于提高员工的工作积极性。

7.3　互联网时代，众包模式逐渐成熟

7.3.1　传统财务共享的 4 种运营模式

企业建立财务共享中心首先考虑的是选择运营模式，即建立什么样的财务共享中心，共享中心以什么模式运营。企业需要根据自身的经营情况、组织结构、信息化程度等，确定共享中心的运营模式。按照组织发展的阶段，传统财务共享中心的运营模式有以下 4 种类型。

1. 基本模式

这种运营模式通常出现在财务共享中心发展的初期阶段。在这种模式下，组织内部的基础运营与决策权统一在公司总部。出于集中管控、降低成本以及提高效率等方面的考虑，总部会强制性地要求各分支机构将总账、应付账款、应收账款、固定资产等典型的财

务工作集中到财务共享中心进行处理。集中处理财务工作可以充分发挥规模经济效应，消除冗余环节，使财务流程更加规范、标准，极大地提高工作效率、降低工作成本。这种类型的财务共享中心需要注重选址、人员测算、最优工作量标准核定等。

2. 市场模式

这种运营模式是财务共享中心发展到一定阶段的产物。它分离了公司职能内部的基本运作权和决策权，使财务共享中心成为相对独立的经营实体。机构有了基础运营权而变得更加灵活，只需执行总部规定的相关政策，并受总部监督。集团内部分支机构的客户不再被动接受托管性的服务，可以根据自己的意愿做出是否接受这些服务的决定。这种模式的财务共享中心，不仅要提供基础的业务服务，还要提供更专业的咨询服务，要不断提升自身的服务质量，根据确定的服务流程与标准提供服务。与此同时，财务共享中心开始通过服务收费抵偿成本。我国大多企业集团采用这种服务模式。市场模式使得咨询服务内容更加专业，使得控制权和服务权开始分离。

除了上述两种运营模式外，财务共享中心还通过引入竞争、增加服务企业内外部客户，在市场模式的基础上衍生出其他两种运营模式，分别为高级市场模式和独立经营模式。

3. 高级市场模式

这种类型的财务共享中心，是在以市场模式为基础发展起来的，和市场模式最大的不同是引入了竞争，其核心目标是为客户提供比竞争对手更优的服务。此时，企业内部各机构的客户拥有更多的自主权。因为市场上有更多能够替代财务共享中心的系统软件服务商，所以这种模式下，财务共享中心是按照市场价格或成本加成收取相应费用。目前我国一些具有雄厚实力的大型企业集团采用的就是这种运营模式。

4.独立经营模式

独立经营模式是财务共享中心运营发展的高级模式。在这一阶段，财务共享中心的服务对象包括企业内外部客户。面临与各种外部咨询机构与服务供应商的竞争，财务共享中心需要不断提高技能，丰富各种咨询服务知识。此时的财务共享中心以营利为出发点，按照市场价格进行收费，成为了能够创造新价值的利润中心，具有完全的独立性。并且财务共享中心通过服务与产品的不断改进或升级，来拓展其市场，提高客户满意度。国外企业或咨询公司一般采用这种类型的运营模式，我国企业集团对该模式的应用还很少。

我国大多数财务共享中心的发展处于早期阶段，采用的模式主要为基本模式和市场模式。虽然财务共享概念的引进使财务工作变得跟工厂的流水线作业一样，高度的专业化分工、标准化的流程设计、规范化的系统管理让财务工作显著地降本增效，但是传统的财务共享模式仍然是不完美的，其实际运营中尚存在很多困扰着管理层的问题，具体如下。

（1）基础操作人员岗位多。财务共享中心将企业中所有的票据审核、凭证处理任务集中起来，对这些流程进行改造后，财务工作变成了流水线式的操作。一般来说，建立财务共享中心的企业都是大规模的企业集团，财务工作集中处理后直接导致财务共享中心的工作量剧增。工作量大、工作内容细分化要求财务共享中心设置更多的基础操作岗位。这些基础操作岗位价值创造能力低，但是随着企业的规模扩张和业务类型的丰富，这些岗位数量也必然随之增加，带来运营成本的上升。

（2）员工发展受阻，流失率高。财务共享中心的作业大多是重复性高、流程化强、工作强度大的简单业务操作，与招聘来的员工的能力匹配失衡。而且一个岗位往往只能接触业务的一个细小的片段，每天重复着某一类单据的审核或者制证工作，员工即使操作极其熟练也无法对企业的财务状况有整体的认识和了解。封闭的工作环境、枯燥的工作内容、受阻的晋升途径造成员工的流失率大大提高，不利于共享中心的稳定运营。

（3）财务共享中心无法应对不均衡的业务需求。企业的财务工作量往往波动变化，一般月初处于低谷，月底工作量达到峰值，工作量的不均衡会造成人力资源的浪费。低谷时，很多员工的工作量不饱和；高峰时，员工超负荷工作，甚至造成很多单据难以及时处理。忙闲不均现象很普遍，但又因为受限于雇佣合同，不能根据业务量的变化而随意增减员工，如果管理层按照高峰业务量匹配岗位，平时会有大量的员工处于空闲状态；如果管理层按照平均业务量匹配岗位，月末员工将无法承担激增的业务压力。除此之外，部分员工既承担着基础操作任务，又承担着财务分析或者管理工作，工作任务更加紧张，从而会影响工作效率。

为了增加财务共享中心的灵活性，同时进一步降低运营成本，很多企业集团的共享中心早已做出改变，让会计工作和互联网结合，把会计工作拆分成微任务，由互联网大众同时进行处理，从而形成财务共享中心的另一个运营模式——众包模式。

7.3.2　互联网平台上的众包模式

众包是指企业通过互联网平台，把本应由企业内部员工和外部合作伙伴完成的任务，分包给网络大众群体去完成。财务共享中心的传统模式类似于"内包"，企业集团将所有的财务工作承包给共享中心统一处理。但是在众包的模式下，企业将财务工作进一步细分成微任务，一个任务可以小到可能只是查看发票影像来整理发票抬头，因此对工作的专业要求大大降低。众包将专业人员才能完成的专业工作发放给非专业社会群体来完成，接受任务的可能是在校大学生，也可能是白领工人，他们在工作学习的闲暇时间完成碎片化工作。我们看到，在众包模式下，企业财务共享中心呈现边界模糊化、岗位虚拟化、人员配置动态化的特征。

众包模式的基本工作原理是将工作流程进行充分的标准化和拆解，在评估出其中的专业技能要求较低的环节后，将这些环节拆分成一个个的微任务，再通过互联网平台分发出去，平台对接广泛的人群，众包商通过抢单的方式进行作业，作业完成后，符合预期要求的单据将按照规定的价格标准进行结算。

财务众包的运行模式如图 7-4 所示。

众包组织者即企业集团财务共享中心将财务业务拆分后，同时发放到众包平台，并在众包平台上托管财务业务的相应资金，众包商在众包平台上挑选并接受任务，众包商完成任务后由众包组织者进行验证，由众包平台支付众包商报酬。

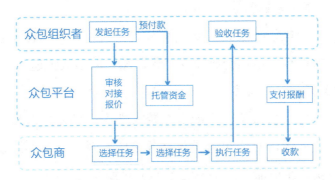

图 7-4　财务众包的运行模式

　　在这一过程中，众包组织者可以在工作量增加时增加任务的发放，在工作量减少时减少任务的发放。同时，财务共享中心内部能够缩减大量的基础作业岗位，很多财务人员可以从基础财务工作中解放出来，从而有更多的时间进行财务分析、管理决策等附加值更高的工作。在空间上，众包商只要携带手机、电脑，无论是在上班途中，还是在家里或公司，其都可以随时工作。财务共享中心可以减少很多实际工作岗位，转而设置更多的虚拟岗位。而且众包模式允许众包商利用碎片化的时间处理碎片化的工作，这样使众包商的工作难度大大降低，因此人力成本也会显著降低；在时间上，专业工作将不在一条连续的操作流程中完成，而是将流程打散成若干个细小流程，并由相应的若干人员同时完成，这种平行操作方式可以提高工作效率、缩短工作时长。

　　作为高度规范化、系统化、标准化的作业模式，财务共享与众包模式结合后，可以让财务共享中心向轻资产、价值管理的方面发展，灵活运营。但是共享中心想要做到财务众包仍然需要满足以下3点要求。

（1）会计原始单据线上化。

企业需要把任务发放到众包平台上，因此需要把会计原始单据线上化，如把纸质单据变成照片、影印图片的形式传递给众包商。

（2）降低专业难度。

众包商的身份众多，可能是在校大学生，可能是白领，也可能是工人，企业无法对众包商进行财务培训。因此，为了保证众包商的工作质量，企业需要降低任务的专业难度。

（3）降低财务风险。

企业要实现众包，就必然涉及把企业内部部分财务信息发放出来，此时如果竞争对手收集足够多的众包任务，就可以从单据的影印图片中梳理出企业的关键财务信息，增加企业财务风险。

针对上面 3 个要求，财务共享中心有以下几个解决方法。

由于财务共享中心的工作是高度标准化的、规则化的，企业可以选择使用系统进行单据的审核和凭证的生成。但是很多会计的原始单据都是以影音、图片、影像的形式存在的，这些非结构化数据使得计算机的信息处理难度增加。因此，企业可以使用众包的方式让互联网大众负责将非结构化数据转化为结构化数据。众包商收到影音或影像形式的原始单据后，将里面的非结构化数据提取出来，录入系统中，集团只需在后台通过一定的规则校验这些信息的准确性即可。计算机在收集到这些结构化数据后，就可以使用规则引擎、会计引擎等技术进行自动化审批和记账。众包商只需要录入信息，而不需要审批单据，因此，对众包商的专业技能要求大大降低。为了降低财务数据泄露的风险，共享中心可以将单据进行切割，一个单据可以分成几个附件，每个众包商分到的任务可能只是这个单据上的一个标题或者一个金额，一张单据分成的附件甚至还会被推送给不同省份的众包商，每个众包商都无法看到完整的信息，从而保证了企业的信息安全。

但是也并不是所有的财务工作都适合财务众包。是否能够纳入众包，需要考虑以下 3 个因素。

（1）业务是否能够进行充分的标准化和颗粒化。

复杂的业务没有办法让技能单一的众包商进行处理，因此必须进行颗粒化的拆分，而能够拆分的前提就是可以标准化。

（2）不能存在信息的安全隐患。

众包的对象和信息的流转渠道是完全不受控制的，例如，企业无法杜绝一个众包商拿到一张单据的影像后将它发到朋友圈的行为的发生。因此，企业在分发任务之前需要对任务进行评估。那些流程化的、共性强的、信息价值低的任务，如员工出差报销，更加适用于众包；而那些具有企业特色的、信息价值高的任务如资本投入、客户回款等就需要将单据进行极致细分，或者直接由企业内部的员工处理。

（3）众包任务对时效的要求具有适度的容忍性。

如果会计核算对于时效性要求高，就不适合众包。因为众包的过程中需要有派工、等待接受任务、多人核验等过程，甚至会出现无人接单、二次分派的过程。因此，众包任务一般对时效性要求较低。

7.3.3　A 集团的众包平台实践

A 集团主要经营财产保险业务，其业务单元覆盖全国。A 集团公司规模飞速扩张，业务多元化进程迅速。目前旗下拥有财产保险、人寿保险、信用保证保险、资产管理等多家专业子公司，管理近3000家三级、四级分支机构。

作为一个分支机构众多、企业扩张迅速的大型集团，A集团于2012年建立财务共享中心并投入使用，但是财务共享中心仍然存在人工成本高、专业人才浪费的现象。A集团每月费用单据约9万张，巨大的业务量使财务共享中心花费大量人员成本。除此之外，共享中心招聘的会计专业人员一般为本科学历，但是具有高度重复性和标准化特点的共享中心作业更多通过系统自动实现，对专业要求较低，因此造成专业人才的浪费。另一方面，共享中心将流程拆分成无数小节点，每一个共享会计只负责某几个节点，因此即使轮岗，会计人员也无法对公司财务有整体概览。

针对以上业务痛点，2016年，A集团将一部分会计业务采取众包模式剥离共享中心。利用互联网技术，财务众包将本应由共享中心会计人员完成的会计业务极致拆分成微任务，发布到互联网平台上，由互联网大众承接并完成任务后反馈给共享中心，最后在共享中心后台整合这些微任务处理结果，利用会计引擎、规则引擎等完成后续的记账和资金支付。

A集团众包平台拥有极致拆分、自动学习、降专业度3个标签。

（1）极致拆分。A集团众包平台将单个业务处理拆分成最小待处理业务，同时发放到众包平台上，同一流程上的不同任务可以被同时处理，缩短业务处理时间。例如，一张企业内部的报销单可以拆分成10个小任务，由互联网上10个不同的人处理。

（2）自动学习。每一个任务的处理结果都将被记录在平台上，当一个处理结果相同的任务达到一定数量时，运用人工智能技术的深度学习功能，可以实现以后的任务处理自动化取代认为操作。

（3）降专业度。众包商的身份众多，可能是学生或者白领或者工人，由于无法对众包商进行财务知识培训，为了保证众包商的工作质量，共享中心降低了任务的专业难度。A 集团众包平台将大量的审核、校验、比对做成规则放入系统后台，而众包商只收到了影像系统生成的电子化影像，将里面的信息提取出来录入系统即可，对众包商的专业技能要求大大降低，同时微任务也保证了信息的安全性。利用众包平台，企业可以将图像信息、影音信息等非结构化数据转化为结构化数据，共享系统通过规则引擎、会计引擎等技术进行自动化审批和记账。

A 集团财务众包平台整合互联网大众的碎片化时间，将专业人员才能完成的专业工作发放给非专业社会群体完成，释放了企业会计专业人员工作压力，降低了企业运营成本。目前 A 集团的共享中心有 70% 的业务采取众包模式完成，一年可以节约 1 000 万元成本。随着业务规模的扩大，其节约成本的优势将更加明显。

第 **8** 章

共享价值篇：
智能共享与企业
管理会计体系

8.1　共享中心变身数据中心

"数据已经成为一种商业资产，一项重要的经济投入，可以创造出新的经济利益、更高质量的价值。"大数据之父舍恩伯格在《大数据时代》一书中指出，在信息时代，数据就是企业的"金矿"。

事实上，在市场环境不确定性和模糊性日益增加的环境下，以"用数据支持决策、用数据强化管控"为核心的数字化管理，已经成为集团企业经营管理过程中分析过去、把握现在、掌控未来的关键。

数字化管理放弃过去依靠经营管理者的经验和能力做出判断的粗放式管理，量化管理的精确化，让数据说话、用数据决策、靠数据管理。

"数字化管理"的关键在于整合企业内部的财务小数据、业务中数据，并融合社会大数据，形成企业的大数据平台。基于共享中心为构建集团级数据中心提供了一个行之有效的参考方案。

8.1.1　亟待建设的集团级数据中心

数据中心被视为大型集团企业管理信息系统的"心脏"。

最近几年来，随着云计算、大数据、移动互联网、智能化等信息技术的不断发展，大型企业、互联网巨头、政府机构都纷纷建设数据中心，以满足自身业务发展与精细化管理的要求。

构建数据中心，能为集团企业带来以下几方面价值。

从技术层面来看，数据中心的建设是企业信息化建设中的必经阶段，它代表了企业信息化的方向。信息化是当今世界经济和社会发展的大趋势，对提高企业竞争力来说至关重要。但是企业的信息涉及面广，各种应用系统常常不能有效地共享数据，不断增加的安全威胁对数据的安全性提出了挑战，急剧增长的数据量使得既有的存储容量和应用系统难以适应企业的需要。因此，建设可靠性高、大容量的数据中心十分重要。

从业务层面来看，数据中心是企业的业务支撑平台，是支撑业务发展、驱动业务增长的必然要求。数据中心建设越贴近企业的真实业务需求、越适应业务快速发展的需求，发挥的价值也就越大。企业在建立数据中心时要考虑目前及未来可能的业务规模、客户数量的持续扩大。

以 D 集团为例，该集团业务范围涉及房地产主业及其延伸产业（包括建筑建设、酒店、绿化园林等业务），同时涉足能源、汽车、金融等其他业务。随着集团的快速发展，业务形态的日益丰富，集团组织结构也日益庞大和复杂。各级经营管理层和决策层，要随时随地看到全面、真实的经营数据，先掌握企业实际运营情况（如企业开盘项目的销售情况、在建项目的资金情况等），再通过预实对比，及时"预警"以发现业务运营过程中的问题，并提出最佳解决问题的方案，最终推动经营目标的顺利完成。上述诉求需要集团借助统一的数据平台，汇总整合所有数据信息再进行多维度、多视角的分析，进而实时掌握企业业务运营过程中的关键数据。

从管理层面来看，数据中心的建设实现了企业信息的高度共享和整合，通过对数据资源的整合、挖掘和转换来更好地为各级管理者进行分析、决策提供依据。一个统一的数据中心，可以有效打通业务与财务的壁垒，解决企业内部的信息孤岛问题，同时能把企业内部的不同地域、不同部门的信息整合起来，让管理者可以随时获得及时、准确、真实、可靠、全面的数据，进而为管理者的决策分析提供高质量的基础数据。以地产企业为例，决策者最关心的是销售金额、销售面积、结转收入、回款情况等指标。在数据中心的基础上，企业可利用商业智能中的数据挖掘、数据分析等技术将这些指标在可视化的管理"驾驶舱"中一一呈现出来，以便决策者以此为基础制定下一步经营计划，推动战略目标的顺利完成。

因此，尽快构建一个汇集不同口径、不同地域、不同来源的集团级数据中心，是企业进行高效管控、科学决策的基础与前提。

然而在实际工作中，企业要想构建数据中心仍然会面对很多困难。有些企业构建了数据中心，但只是做了简单的基础数据收集汇总，由于数据口径不统一，导致同一个指标在不同部门可能有不用的计算口径，有些指标又有不同的数据来源。这些现状导致数据中心发挥的价值非常有限，不能满足业务运营、经营决策的实际需求；有的企业没有构建数据中心，数据没有收集进来，或者收集的数据不全、质量不好，更谈不上出具对管理者有用的管理报告。

一方面，数据对企业而言犹如"金矿"般宝贵；另一方面，在构建一个真正有用高效的数据中心时，众多企业却无从下手。

8.1.2　从共享中心到集团级数据中心

财务共享中心具备成为集团级数据中心的天然优势。

首先，在基础数据收集方面，财务共享中心使原来分散的数据得以汇总和统一处理，为管理者的分析与决策工作收集了大量可靠的、低成本的数据。一方面，财务共享中心汇集了所有的核算数据，将原本分散在不同地域、不同部门的全集团的会计核算工作集中到一个平台进行；另一方面，财务共享中心打通了财务和业务间的壁垒，实现了对交易事项的集中式记录和处理，使企业能从源头上掌握集团内部各单位的真实交易数据。

其次，在基础数据规范方面，财务共享中心通过流程再造，实现了交易过程的显性化和规范化，夯实了数据基础，促进了流程、管理、数据质量的规范化，使企业从源头上获取了真实、规范的高质量数据，让这些高质量的数据成为今后战略分析、管理决策的重要依据。

最后，在数据中心建设路径方面，财务共享中心是企业信息化平台中最贴合数据中心建设要求的系统平台，它具备成为集团级数据中心的最佳条件。从当前集团级数据中心的建设路径来讲，无论是从管理层切入、从财务切入，或是从业务切入，都难以建成一个真正有用的数据中心。这是因为，管理层尽管有战略和管理高度，但往往缺乏基础数据支撑；财务人员大多不懂业务，也不懂 IT，而业务人员又大多不懂财务，也不了解管理需求。财务共享中心可以提炼出管理者最关心的报告级数据，是管理者管控思想最基础的体现。

如图 8-1 所示，过去，传统财务共享中心集中的数据基础是对外披露的、以单体企业核算为主的"局部"数据。这些数据的局限性表现在以下几方面：只注重核算、忽视了分析；只有法人口径的数据，没有管理口径的数据；只有核算数据，没有业务数据；空有数据，但很难提炼出对管理决策有价值的成果。

图 8-1　传统数据支撑体系的问题

如今，瞄准管理目标构建的高级阶段的财务共享中心，即财务共享 3.0 阶段，将集成核算数据、预算数据、资金数据、资产数据、成本数据、外部标杆数据等与高层管理和决策相关的信息，使财务共享 3.0 阶段成为企业未来决策最重要的数据支持平台，为管理会计的应用奠定重要基础。

从技术层面来看，共享中心作为集团化数据中心，无论在平台架构、平台拓展还是数据集成等方面都已实现；从产品层面来看，当前，基于数据中心要求的成形的共享中心产品已经问世。如图 8-2 所示，元年 E7 管理会计套件包括管理会计报告、预算管理、成本管理、绩效管理等管理会计主要的模块，同时，共享中心作为数据中心的核心模块之一，涵盖核算共享、报表合并、报销共享、支付共享等 4 个模块，通过数据仓库和数据集成工具箱的加工，为管理会计报告、预算管理、成本管理、绩效管理提供数据来源，使数据中心成为一个统一的工作平台。

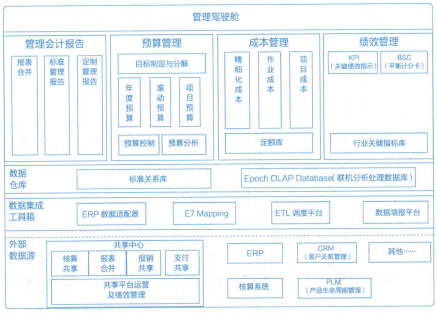

图 8-2　元年 E7 管理会计套件

8.1.3　从数据中心迈向大数据平台

当前，随着大数据技术的逐渐成熟，大数据正在逐渐向企业运营、财务管理内部延展。企业所面对的数据主要可以分为 3 类，即财务小数据、业务中数据、社会大数据，如图 8-3 所示。

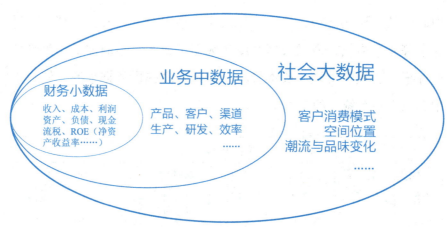

图 8-3　企业面对的 3 类数据

　　大数据时代将全方位地改进企业的数据分析思路。财务小数据的变化是信息获取更加便捷，财务向业务前端延伸，增加执行管控要素；业务处理更加高效，体现为报表合并过程的快速处理；信息记录更加精准，即从交易与记录的源头标识管理会计信息，强化信息的相关性。

　　业务中数据的变化有望打破部门之间的壁垒，在工业 4.0 的状态下，从接单到协同、产出、交付会同步进行；更多关注作业与资源能否成为真正的"业务单元"；从结果到过程——KPI（Key Performance Indicator，关键绩效指标）—BSC（Balanced Score Card，平衡计分卡）—OKR（Objectives and Key Results，目标与关键成果法）的演进路径，把"用正确的方法做正确的事"的思想深度融合。也就是说，随着绩效考核方法的演变，KPI—BSC—EVA（Economic Value Added，经济附加值），都是对结果绩效的衡量，而 OKR 改变了绩效考核的方式，它不仅关注绩效而且关注影响结果的关键过程。

社会大数据的演进是不可逆的浪潮。在整个企业运营过程中，企业壁垒变得越来越小，甚至有可能瞬间被打破；获取资源的过程和内部交易的过程，都会依赖外部大数据来定义客户，完成交易。整个企业不再单单只做产品的制造者，而要整合外部平台。此时，企业本身的生存环境会发生重大变化。

大数据时代，将全方位地改进企业的商业模式和数据分析思路。如何充分利用大数据、智能化等技术，将共享中心从交易环节向业务环节深度延伸，将共享中心从企业内部向外部生态链延伸，成为中国企业构建的高水准的共享中心，继而构建集团级数据中心需要探索的关键问题。

基于对趋势的敏锐判断与精准把握，企业可以利用"互联网＋云"搭建企业在线消费商城，并且与财务共享中心集成，构建大型集团企业的智能财务共享中心。基于"消费商城＋财务共享"的智能财务共享中心，从后端财务向前端业务延伸，打通企业的业务流和财务流，对内覆盖全员、全流程，对外覆盖价值链全程，既连接供应商、商旅、客户等，也对接银行、税务等外部系统，从而实现业务流程、会计核算流程和管理流程的有机融合，实现交易透明化、流程自动化、数据真实化。

基于"消费商城＋财务共享"，将从源头打通企业内部的业务数据、财务数据，将企业变成数据平台，以产出真实、可靠、规范的高质量的信息为使命，再加上社会大数据——元年明德会计指数，最终构建出一个集"财务小数据、业务中数据、社会大数据"于一体的集团级大数据平台。今后该平台将在企业经营环境的预测、分析、决策、管控中体现出越来越重要的价值。

　　以 A 集团为例，基于互联网技术，通过智能财务共享中心体系的搭建，A 集团建立了内外融合的新型财务运营体系，通过消费商城的模式，从前端的资源的获取，到企业内部的运营加工，再到数据分析和展示四套账（资源账、管理账、会计账、监管账），形成了 A 集团新型的财务运营管理体制。A 集团基于智能财务共享中心形成的大数据平台，主要用于数据的存储、展示和分析应用。前端的交易、对账、发票、付款等一系列流程的各环节均作为数据采集点，产生大量的数据资源，实时进入数据平台进行信息的存储，通过管理维度进行信息的归集、展示，并支持灵活的拖曳分析展示。通过大数据平台对"四套账"的实现，打造 B2B、B2G 的运营管理系统。与此同时，A 集团还建立了基于大数据和人工智能的财务交易数据分析模型，为资源配置、决策提供数据支撑，继续完善 A 集团的信息化建设。

8.2　财务共享与全面预算管理升级

　　企业构建财务共享中心时需要对业务模式进行优化，对流程进行重组，这会涉及多个业务管理环节的管理系统，这些管理系统要与包括预算管理和绩效评价等系统在内的企业管理会计系统进行有机融合。

　　财务共享可以全方位地为企业管理会计体系的落地"保驾护航"。在预算管理领域，基于财务共享服务模式的企业全面预算管理系统可以借助大数据、云会计等技术实现流程再造，并通过对大数据的分析运用使其管理更加精细、评价更加准确、调整更加可靠。

8.2.1　传统财务模式下全面预算管理的弱点

　　作为企业规划和控制的首要工具，全面预算管理在企业合理配置资源、确保战略落地等方面发挥着重要作用。全面预算管理能够根据企业的经营状况和企业战略对预算做出调整，提高预算管理能力，在企业管理中处于核心位置。对于企业管理来讲，全面预算管理就好像仪表盘一样，可以让管理者把握住企业发展的方向和目标，更好地了解企业运营状况。

预算管理是中国企业应用最广泛的管理会计工具，并已经有越来越多的企业已经或正在构建全面预算管理系统。然而，伴随着预算管理的应用，很多管理层对于预算管理的有效性提出了质疑。

著名的通用电气公司的 CEO 杰克·韦尔奇就是预算管理的彻底否定者，他毫不留情地指出："预算已经成为了美国公司的毒瘤，它根本不应该存在。"企业家比尔·科林也指责道："预算对于我们能否完成任务起不了任何作用。"

预算管理会受到如此众多的质疑主要是受传统财务模式的局限性所影响。在传统财务模式下，财务与交易分离，自动化程度低，流程为了管控而管控；ERP 系统中的财务信息失真，数据口径无法满足管理需求；管理会计信息依赖 ERP 系统生成，时效性差。这些都使得预算管理，包括全面预算管理在应用中的价值大打折扣。

具体而言，传统财务模式下的全面预算管理主要存在以下两大弱点。

1. 预算编制的依据不足，编制质量不高

企业预算的编制基本都是基于历史数据分析得出的。在传统财务管理模式下，集团下属机构众多、财务数据核算标准不一，使得集团预算的编制工作繁重，且较难在集团层面制定统一的资源配置方案。

同时，由于年度预算是基于企业对战略目标的分解确定的，而

预算编制时下一年度各项经营还未实际开展，这容易造成预算结果失真，大大降低预算的价值。尽管随着预算体系的发展，我们可以采用滚动预算来指导实际的业务经营，但是，滚动预算无法有效衔接企业战略目标并担当考核标准，年度预算的编制依然十分重要。

2. 预算难以有效执行

全面预算管理是包括预算目标制定与分解、预算编制、预算控制、预算考核与评价等流程在内的闭环系统。然而，在建设财务共享中心前，企业的预算系统往往只能实现预算编制功能，难以进行预算控制。

一方面，预算数据只能孤立地存在于预算系统和核算系统中，预算执行情况只有财务人员知道，且多数时候财务人员只有在核算系统中做账时才知道预算执行情况。即使一些企业使用了费控系统并将其与预算系统和核算系统进行了对接，但也只能对费用类科目的预算执行情况进行控制，无法涵盖企业的全面预算。

另一方面，由于各分、子公司独立核算、独立经营，预算的具体执行与监控责任也由各分、子公司自行承担，集团很难对分、子公司的预算执行情况进行管控，容易造成预算执行不力。尽管随着预算管理的发展，预算的准确性、细致性都不断提高，在一定程度上缓解了上述问题，但由于其数据获得方式和流程缺乏变化，这些弊端无法根除，会日益影响预算效果的发挥。

依托信息系统建设形成的强大数据库，财务共享中心可以为企业全面预算管理提供支持。财务共享中心不仅可以加强预算编制的准确性，推动预算执行使之更加有效，还有助于预算分析考核更加公平合理。财务共享中心与预算平台系统的关系如图 8-4 所示。

图 8-4　财务共享中心与预算平台系统的关系

8.2.2　财务共享使预算管理更有效

1. 共享中心使预算编制更加准确

财务共享中心为预算编制提供了基础数据支撑，有助于预算的编制更加准确可靠。

财务共享中心可以将企业各分、子公司的交易端数据汇集在一起，使预算编制所需要用到的历史数据更真实、更完整、更有效、更具可比性，这使得预算管理部门可以提取经财务共享中心标准化处理后的各机构的财务数据，通过对历史数据的分析与比较，在集团层面制定更加准确的总体预算方案。

和传统财务管理模式下的预算编制相比，财务共享服务模式下统一的预算编制能够更好地利用集团大数据，并通过数据分析技术预测各科目预算的发生额。同时，通过共享中心，企业可实现数据集成共享，有利于保证预算分析的及时性、准确性和全面性，为预算编制提供更科学可靠的依据。

以滚动预算的编制为例，企业在编制滚动预算时，可随时从财务共享服务平台查询企业下属所有分、子公司上一年度同期的预算执行数据、上一月份的预算执行数据以及预算评价结果，能够通过大数据技术采集市场情况等外部数据，并结合企业当月的生产目标、销售计划等按月进行预算编制，使得编制的滚动预算在满足集团战略目标的同时，更加符合集团下属分、子公司的生产经营情况和同行业竞争现状。

2. 共享中心使预算的执行更有效

财务共享流程可以与预算流程进行多方位协同融合，使预算的执行更有效。

在财务共享模式下，通过搭建财务共享中心，集团及各分、子公司的交易过程集中到共享中心完成，集团通过对共享中心设置预算管控，可以轻松有效地对分、子公司的资金往来进行过程管控，共享中心能实时监控和反馈集团和各单位的预算执行情况，确保预算编制内容的有力实现。

具体而言，财务共享中心可以将预算的部分流程嵌入系统，在应收、应付、费用报销等流程中融合预算的审批、执行和控制过程，控制刚性预算，自动审批成本费用的发生是否在预算内，比较预算数与执行数的差异，与预算总额对标，整体把控预算的执行过程。基于共享中心的预算执行控制流程如图 8–5 所示。

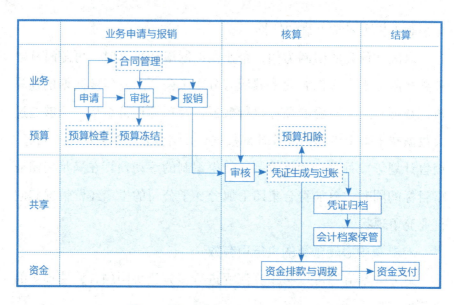

图 8-5　基于共享中心的预算执行控制流程

　　在传统财务共享中心下，以费用的执行流程为例，企业相关业务部门在发生报销业务前，对按规定需先申请后报销的业务应先在系统中提出申请，系统自动连接预算系统中相应的预算标准进行预算检查，并设置红黄绿灯机制对业务费用是否超标进行事前控制。对于审批通过的业务，相关费用实时反馈回预算系统计入预算执行数。报销执行时，对于经过事前申请程序的业务在不超过申请金额的额度内予以自动通过；对于未经过事前申请程序的业务，自动进行如前述申请中启动的预算控制程序。同时，系统还可以设置实时的预算执行情况表和固定时期预算执行情况表，以便于权限人员随时掌握预算执行情况。

　　以 C 企业的预算控制为例。C 企业在共享系统中将预算金额的 90% 设置为预算控制标准，当实际发生额不超过预算金额的 90% 时绿灯通过，该笔报销经审批、领导审批后通过银企互联系统直接进行资金结算；当实际发生额超过 90% 不到 100% 时触发黄灯报警，系统自动实时向费用报销的审批领导和财务共享中心稽核组分别示警，审批领导根据该业务的实际情况选择是否批准该项费用报销申请，财务共享中心稽核组则通过双屏稽核的方式对原始凭证扫描件和费用报销申请单进行再次稽核，只有当审批与稽核均通过后才能通过银企互联系统进行资金结算；当实际发生额超过预算金额时，系统亮红灯不予通过，同时启动特殊流程申请程序，必须经更高一级领导特批后，再经财务共享中心稽核组稽核后，才能通过银企互联系统进行资金结算。

在财务智能化的浪潮下，搭建在线消费商城和商旅平台的智能财务共享中心通过将预算执行的控制流程全面移至事前，可以进一步简化预算控制的流程和提高控制效率。以采购结算的执行为例，当采购业务发生时，相关人员直接在共享商城平台上下单进行订购，下单时选择部门和费用科目，系统自动根据相关预算标准确定是否通过下单，对于预算内项目自动进入审批程序，超预算项目则无法进入审批。进入审批程序的订单，由相关领导根据事项的合理性结合相关规定完成审批，对于通过审批的业务，系统自动下单完成购买，并按与供应商之间的约定自动按期统一结算。

3. 共享中心使预算分析及考核更有效

作为企业管理体系的核心工具之一，预算管理本身具有可考核性。企业可通过预算执行情况考核工作成效、分析差异和改进工作。然而，在传统的财务模式下，企业集团各分、子公司的预算编制和预算执行是独立进行的，由于考核结果事关单位、员工的切身利益，往往会引发极其严重的部门博弈，使预算考核流于形式。

预算管理考核与评价的核心是建立一套科学的评价体系，如平衡计分卡或绩效棱柱模型等。而评价体系的核心内容是一系列的评价指标，评价指标的获取与衡量需要更加系统化、精细化的数据做支撑，而财务共享中心恰恰提供了这种精细化、系统化的数据。

实施财务共享模式后，一方面，企业可通过财务共享中心获得各分、子公司的真实、完整的交易端数据，从而对各分、子公司的预算执行进行统一管控，使其预算执行结果可以运用统一的标准进行衡量，从而加大考核的公平性，实现有效的预算考核与激励；另一方面，企业还可以在共享中心中应用大数据技术获取销售费用率、库存周转率等外部数据，对比同行业其他企业进行预算分析，并与本集团企业的预算管理进行横向对比，据此构建全面、科学、合理的评价体系，将预算考核和评价结果与员工绩效挂钩，对员工实施公平合理的激励制度。

8.2.3　Y公司基于财务共享的预算控制

Y公司在建设企业的财务共享中心时，对企业的业务流程和核算规则进行了全面的优化和梳理，为企业的预算编制提供了规则清晰、逻辑严谨、准确高效的数据。在预算控制中，Y公司依据人员部门、业务类别、业务金额等不同维度在共享中心中将预算控制的流程分为两类：一类是先审批后执行，如大额采购业务、非销售人员差旅费用等，按系统提供的基础维度进行控制；另一类是直接执行，如销售人员差旅费用、标准内的业务招待费等，做到严格控制。

1. 预算的编制

在财务共享中心的建设过程中，Y 公司对自身的业务流程进行了全面的梳理和优化。针对共享业务，Y 公司制定了集团内统一的会计核算规则和数据存储标准，为集团的预算编制提供了统一的标准和数据。此外，优化后的业务流程和统一的会计核算标准，使得公司的业务数据和财务数据高效一体化，财务数据和业务数据之间的勾稽关系得以强化，公司的预算编制更加可信。财务业务数据的一体化不仅提高了预算编制的科学性，也为后续的预算分析和控制打下了良好的基础。

2. 预算的事前控制

在业务发生前，相关人员在系统中填写费用报销申请单、差旅费报销单或采购申请单（采购业务）等，必须先进行预算或事项申请，申请审批通过后，才能发起后续的借款及报销。在事前申请流程中，从使用（一次和多次）、填单（机构、科目、活动、项目限制）和金额（申请时就进行预算控制，对超过预算数的申请不予通过）3 个方面进行预算控制。

3. 预算的事中控制

在发起借款时，填写借支申请单，借款单依据企业借款审批流程进行审批，需要借款人提供相关附件。

在报销时，填写报销单，报销人按照业务实际发生情况填写报销单并进行报销。对于先申请后报销业务，报销单需要受申请可用金额的控制。对于直接报销业务，报销单受预算限额的控制。对于有借款的业务，报销时需要关联冲销借款。在采购时，填写采购申请单，采购金额按合同金额填列，在业务发生之前先进行预算或事项申请。在实际采购时，填写采购付款单，依据合同付款条件、付款金额进行预付单的填写。对于事前未经审批直接发生的采购，必须受预算限额的控制。

此外，在兼顾预算控制风险的基础上，为给分、子公司一定的自主权，Y 公司还在共享中心上设置了预算调整单，如果满足一定的前提条件，分、子公司可以在公司内部进行预算调整，由分、子公司自行进行审批和调整。

4. 预算的分析与考核

实施财务共享模式后，Y 公司下属各分、子公司的预算执行过程由集团公司统一控制和监督。通过全面打通共享系统与预算系统，Y 公司彻底改变了以往预算系统与财务核算系统互为信息孤岛的局面，结束了预算执行数难取得，或取得的数据标准和口径不统一、数据不完整的窘境，得以从基于交易端的财务共享中心中获得真实、完整、口径统一的预算执行数据，据此开展预算分析、组织预算考核，有力地提升了预算分析的科学性和预算考核的公平性。

8.3　财务共享助力企业成本分摊

在管理会计的所有工具和方法中，财务共享与成本管理的渊源最为深厚。20 世纪 80 年代，财务共享中心诞生之初，即是以降低成本、提高效率为首要诉求的。而环顾国外跨国公司财务共享中心的服务模式，其动机也大抵不出降本增效之外。

众所周知，财务共享中心通过将分散的业务集中进行处理，可以实现人工成本的有效降低，并有效提升企业整体成本数据的真实性、完整性和可比性。然而，很多人不了解，随着信息技术的深入发展，与"互联网 +"、云计算、大数据和人工智能等技术结合的智能财务共享中心不仅可以帮助企业实现更精细化的成本核算，还能助力企业实现更合理的成本分摊。

8.3.1　成本管理与成本分摊

成本管理有很多理论方法，如标准成本法、定额管理、作业成本法、目标成本法等，不同企业可能采用不同的方法。然而，无论企业采用何种方法，成本的管理与分摊都是成本管理的核心难点。

成本分摊是指企业将特定会计期间的成本费用按照一定的规则，分摊到机构、条线、产品、客户等不同维度，以反映出各维度主体应承担的成本。成本分摊是成本核算管理的难点，也是现代企业开展成本核算的主要手段。

企业经营过程中必然会消耗各种资源。这些消耗的资源即构成成本。按照与产品或服务的关系，成本可以分为直接成本和间接成本。直接成本可直接计入相应的产品或服务成本，而间接成本需采用适当的分配方法进行成本分摊，再按照分摊结果分别计入各批、各类产品或服务的成本中。

随着技术的不断进步、业务提供过程的日益复杂化和自动化程度的提高，间接成本在企业成本中所占的比重日益增加，甚至在很多企业中，间接成本成为比重最大的成本。在这种情况下，如何采用一种科学的分摊方法，对间接成本进行合理分摊，以真实地计算和反映出各项业务的真实成本，就成为企业成本管理中的关键问题。

综观成本会计的发展史，成本会计的每一次重大发展都与成本分摊有关。而被视为 20 年来成本管理理论发展主要方向和成果的作业成本法（又称 ABC 法），也是以成本分摊作为突破口的。

1987 年，罗伯特·S. 卡普兰（Robert S. Kaplan）与托马斯·H. 约翰逊（Thomas H. Jonnson）合作出版了《相关性的遗失：管理会计兴衰史》一书。该书的出版不仅轰动了西方会计学界，而且由此迎来了以"作业"（Activity）为核心的"作业管理会计"时代。之后，作业成本法逐步发展，日益确立了其在成本管理领域的地位，它不仅被认为是分配间接制造费用、评估产品服务收益以及成本管理的先进方法，而且被看作是优化耗用资源的作业与产出的有效途径。

作业成本法是以活动作业为基础的成本核算方法，主要通过追踪成本，找出导致成本发生的真正原因，确定其责任归属，从而分配成本。企业里每一项活动和作业都伴随着资源的消耗，而产品和业务则需要作业的支持。按照这个流程，资源成本会透过资源动因（如耗电量、工时等）归集到不同的作业成本池，再由成本池按作业动因（如作业次数等）把作业成本摊分至成本对象（即产品或业务条线）。作业成本法遵循"作业耗用资源、产品耗用作业"的原则，谁耗用谁分摊，多用多摊、少用少摊、不用不摊，避免了平均分配导致的成本扭曲，使成本核算的结果更加精细、准确。

成本分摊的理想标准是成本与分配对象的因果关系。因此，在理想状态下，基于对成本动因准确追踪的作业成本法可以科学合理地解决企业的一切成本分摊难题。然而现实中，基于企业管理能力、信息系统、数据基础等的条件所限，作业成本法在应用中往往容易遇到一些瓶颈，包括如何将财务科目转化为资源概念的问题、作业的选择和划分问题、成本对象的选择问题、基础数据的改造问题等。

举个例子，理论上讲，环节和作业可以无限细化，然而，企业在确定环节和作业时，通常需要结合管理需求、管理基础、管理复杂程度等，遵循成本与效益配比的原则综合进行评估，并最终做出一个权衡。企业最终确定的环节和作业，通常无法将所有成本与分配对象之间的因果关系一一进行对应，这会使得成本分摊的过程带有一定的假设性，从而对成本分摊的准确性造成一定影响。

8.3.2　永恒的难题：公共成本分摊

在企业的成本费用中，有一类成本比较特殊，就是公共的内部资源成本，如图 8-6 所示，比较典型的如公用资源，包括会议室、车辆、投影仪的使用等；又如公共人员，包括专业业务人员、管理人员、行政人员的借用等；再如专项业务，包括活动、会议、专项项目的成本等；此外，还有物资的领用和处理等。

图 8-6　企业内的公共成本

几乎所有的企业在管理中都会碰到一个同样的难题，就是公共成本的分摊问题。实际工作中，企业对公共成本的分摊方法各不相同。有的企业根据成本动因进行分摊，有的企业根据工时比例进行分摊，有的企业根据人员比例进行分摊，有的企业根据业务量比例进行分摊。公共成本的使用对象复杂、成本发生过程零散琐碎、成本与分配对象的因果关系往往难以准确追踪。由于所限于这些瓶颈，成本分配大多建立在因果关系不太明确的分配标准之上，带有一定的假设性。无论采用何种动因和方法，即使是采用作业成本法对成本动因进行追踪并据此完成分摊，也只能是对成本基于一定逻辑的大致估算，很难准确反映实际资源的消耗情况。

以车辆资源来说，公车作为企业的一项固定资产，在核算上通常以每期提取的固定折旧费加上车辆使用中产生的各项费用之和计入使用成本。在进行公车成本分摊时，成本管理较粗犷的企业可能会基于单一的分配比例，如按业务总量的比例等对该项成本进行大致分摊；成本管理较细致一些的企业，可能会根据车辆使用记录，依据用车人所属部门追踪成本动因和成本对象，并根据各部门当期使用次数比例对车辆使用成本进行分摊。然而，即使如此，企业往往只能通过使用次数大致确定成本金额，而难以确定所发生的实际成本。例如同样是使用一次，A 部门跑了 100 公里，B 部门只跑了 10 公里，发生的成本肯定不一样，但是分摊到的成本很可能是一样的；又如即使是同部门使用，或许这次是为 A 事项，下次是为 B 事项，这些细致的成本动因很难被追踪。

8.3.3　解决问题的钥匙：通过在线商城建立新型内部资源交易模式

架构于互联网和"云"上的消费商城，利用电商化平台，可以将企业的差旅服务、办公用品、公务用车以及大宗采购"互联网化"，并与财务共享服务中心紧密集成，实现企业消费业务和采购业务对供应商的直接结算。同时，财务共享服务中心基于电子发票信息，实现自动化的会计核算。

而在内部交易中，共享中心的价值同样巨大。如图 8-7 所示，基于智能财务共享中心，企业能够开展内部资源交易，解决企业公共成本的分摊难题，并有效配置企业内部资源。

一方面，基于在线商城平台，企业可以将内部人员、设备、场地、车辆等公共资源的使用权标注价格，作为商品上架到商城，让不同业务单元在线进行订购。业务人员在订购时，在事前就可以将消耗数量、消耗价格和消耗成本记录清楚，并与预算执行数进行对接，方便了事前、事中管理，避免了事后基于各种假设对这些资源进行粗略分摊导致的成本信息失真。

建立企业内部资源交易模式，对内部资源使用进行定价

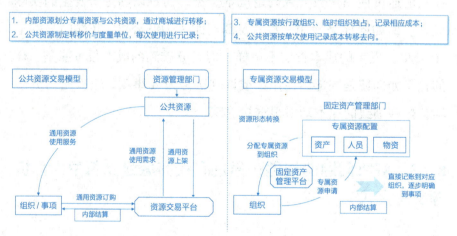

图 8-7　基于智能财务共享中心的内部资源交易模式

另一方面，企业内部的专属资源同样可以通过在线商城进行定价，并供企业内部其他人员进行采购，业务人员在申请时就明确具体事项，这不仅有利于内部资源的合理配置，减少资源闲置成本，提升资源的使用率，也为后续精细化成本管理提供了基础数据。

如图 8-8 所示，在流程上，基于在线商城，相关人员在消耗资源前需要先在线选择资源项目，输入使用部门、使用时间、具体事项等信息后，系统自动生成费用总额，相关人员在线下单完成订购，确认后系统自动进行成本归集。如某部门使用会议室前，由部门人员在商城平台录入交易主体、使用时间段等信息，系统自动按照预制的单价算出金额。如果选择的是需要分摊的项目如共享财务服务，需要确认服务内容和服务数量，系统自动算出金额，确认后自动进行成本归集。

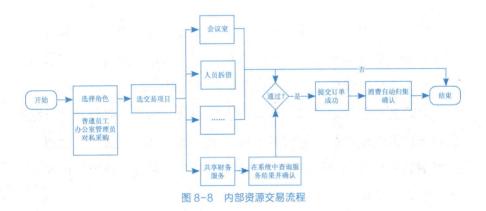

图 8-8　内部资源交易流程

8.4　财务共享支持管理会计报告落地

　　管理会计报告是为管理服务的内部报告，它是由企业运用管理会计方法，根据财务和业务的基础信息加工整理形成的，它能够提供满足企业价值管理和决策支持需要的"有用信息"。

　　管理会计报告是管理会计方法应用的最终结果，是管理会计信息展现出的终端产品。它打通了所有的管理会计信息数据，通过对这些信息的挖掘和分析，制作出系统性的分析报告，以财务的结果来帮助企业发现业务上存在的问题。

8.4.1　亟待发展的管理会计报告

　　当前，在经济增速放缓、竞争加剧、市场环境不确定性和模糊性日益增加的环境下，越来越多的中国企业意识到，只有依靠精细化管理、数字化管理，才能以科学应对模糊，以计量掌控未来。在这样的背景下，企业各层级进行规划、决策、控制和评价等管理活动都需要相关、可靠的"有用信息"进行支撑。

身处"信息爆炸"的时代，企业管理者每天都会面对大量的结构化、非结构化数据及信息，包括产品价格波动、原材料价格涨跌、生产设备技术变革、汇率变化等。如何广泛收集有价值的信息并以简洁直观的报告展示出来，成为管理层需要解决的问题。

管理会计报告，正是为解决上述问题而产生的管理工具之一。区别于财务会计报告，管理会计报告主要为满足决策层的管理需要，它不必像财务报告一样采用统一固定的格式，而是根据企业的业务特点和管理特点，进行个性化的设置，其内容既包含财务信息也包括大量业务信息，逻辑上它能够帮助管理者发现问题、分析原因，其形式上不仅是标准格式的报表，还需要更直观更丰富的图形化展现。

首先，管理会计报告为内部管理服务，是提升管理的必备工具，编制管理会计报告的重点在于支撑各层级管理者的经营决策。从服务的对象角度分析，人们常见的财务报告以服务"外部投资者"为主，对企业内部管理决策的作用有限。

其次，财务报告面向过去，侧重于反映企业过去的财务情况和经营成果；而管理会计报告则侧重面向未来，它通过对过去的信息进行归集、挖掘、分析，不但能够对企业的现状进行分析，而且能够预见未来。因此，管理会计报告能强化内部管理，通过强调事前和事中控制，强调业绩，注重评价，形式开放，注重未来经营。

再次，管理会计报告所展现的信息维度更丰富，是企业战略落地的重要手段。从关注和反映的内容看，财务报告仅包含局部信息，即财务信息，而管理报告不仅仅包括内部的财务信息、业务信息，还包括外部信息，进而才能为企业各层级进行规划、决策、控制和评价等管理活动提供有用信息，以满足各级管理者控制战略实施、实现战略目标的管理诉求。

最后，管理会计报告可按需求灵活编制，通过对数据的整合与分析实现业财深度一体化。通常来说，企业的决策靠的是核算系统和管理系统来支持。在核算系统中，企业根据会计准则的规定归集和核算会计信息，以科目来展现，在确保了信息的规范性的同时，却丢掉了很多业务信息，对支持决策而言有先天的缺陷。而在管理系统中，由于企业不受有关会计法规和固定会计程式的制约，且在进行信息处理时可以采用多种技术方法，管理者可以看到各项业务信息和经过进一步加工后的财务信息。通过对这些信息的分析和整合，企业可以实现业务与财务的一体化。

得益于管理会计报告在企业内部管理方面所拥有的上述特点与优势，很多中国企业已认识到了管理会计报告的重要性。一些"先行"的公司开始编制管理会计报告，在管理会计报告中不仅关注内部的财务、业务数据，而且开始关注外部市场环境、竞争对手情况、宏观经济形势、企业战略、全产业链情况等，进而编制出一整套涵盖业务层管理会计报告、经营层管理会计报告、战略层管理会计报告的管理会计报告体系。中国企业对企业管理会计报告的认知度和诉求日渐上升。

8.4.2 管理会计报告的两个应用难题

在管理会计方法体系中，目前中国企业对管理会计报告的应用较少，这其中主要有两大原因。

一方面，理论界对管理会计报告的关注和研究极少，实际上，多数企业尚未开始编制管理会计报告。而在编制管理会计报告的企业中，管理会计报告在该企业的应用效果也并不尽如人意。多数报告并未真正起到指导决策的作用，对于管理层而言，他们所看到的信息或许并不是他们所需要的。从战略的角度探索出企业决策支持信息的完美方案，是中国企业打破管理会计应用瓶颈的关键一环。

另一方面，数据与信息的缺失、对数据与信息的处理能力的缺失，是目前多数中国企业难以开展或难以有效开展管理会计报告编制工作的最大瓶颈。例如，有的企业内部数据来源不一、口径不一、数据质量不高；有的企业缺乏外部信息，没有关注市场环境、竞争对手情况、宏观经济形势等信息。此外，有了基础数据之后，基于数据的模型构建能力较为薄弱。以量化管理见长的管理会计离不开模型化，但囿于中国企业对量化管理的重视程度不够、软件系统的模型构建性能有限、难度较大等因素，基于模型的管理会计报告应用较少。

以往管理会计报告应用较少也与数据的收集、整合分析、展现等方面的支撑力度不足有关，企业现代管理工具的应用缓慢阻碍了企业管理会计体系的建设。

所有企业都可以编制管理会计报告，而掌握收集数据、分析数据、展现结果的方法是编制管理会计报告的关键。所谓"财务共享开道，管理会计奔跑"，财务共享中心是企业信息化平台中最符合数据中心建设要求的系统平台，它具备成为集团级数据中心的最佳条件，基于财务共享中心，管理会计报告可以提炼出管理者最关心的数据，是企业管控思想最基础的体现。

一方面，财务共享中心全面打通了财务、业务和管理信息系统，实现了交易过程的显性化和规范化，使企业可以低成本地获得大量的业务和财务数据，这些数据为管理会计报告的编制打好了基础；另一方面，财务共享中心夯实了数据基础、规范了数据质量、统一了数据口径，这为基于大量真实、可靠、标准化的数据信息进行企业管理会计报告的编制提供了条件。

8.4.3　立足财务共享的管理会计报告

管理会计报告离不开"信息"，而"有用信息"来自对数据的收集整合、分析处理以及灵活多样化的展现。换言之，如图 8-9 所示，管理会计报告的编制首先要获得基础数据，再进行模型分析、展现，最终帮助管理者发现经营中的问题，进行"预警"并提出合理化的解决方案。

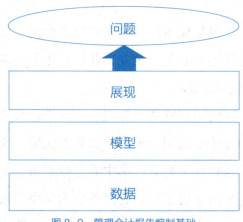

图 8-9　管理会计报告编制基础

基于共享中心搭建管理会计报告体系的路径分为以下 3 个关键步骤。

1. 基于智能财务共享中心进行数据共享

基础数据并非决策数据，但基础数据的完整性、规范性、质量等都会影响决策的准确性。

管理会计作为企业量化的管理工具，数据几乎就是一切。管理会计报告的编制，需要在更多、更广的基础数据之上，对数据建模分析才能为经营决策提供及时、有用、完整的信息。因此，管理会计报告所需的数据不仅仅是财务上的收入、成本、费用、利润等价值量数据，还包括了产量、作业量、动因量、人工及工时量等实物量数据。

智能财务共享中心为管理会计报告的编制提供了一个立体化的数据支撑体系。"互联网 +"时代要求数据体系化，而传统数据支撑体系存在很多问题：ERP 系统为流程操作服务，而不是为管理服务；财务数据以事后记录为主；记账以发票内容为主体，财务数据与业务实质脱离。

基于管理需求构建的智能财务共享中心，是共享中心未来发展的导向，它是对传统财务共享内涵的扩展与延伸。智能财务共享中心，首先包括传统财务共享中心的费用管理、资金管理、应收、应付、总账管理、预算执行等核心模块，它对内连接了 ERP 系统、OA 系统、影像系统、合同系统等，对外连接了银行、税务等平台，此外还包含一系列运营支持体系以及底层基础平台；其次，智能财务共享服务在传统财务共享中心的基础上增加了很多创新模块，如商城、商旅、对账、结算等。

智能财务共享中心将财务管理向业务前端延伸，通过集中采购、分包全流程管理、合同全流程管理、固定资产全流程管理、人力资源管理等，实现了业务流、财务流、数据流的"三流合一"，同时通过共享中心汇集出集团及企业财务数据中心，满足了法定报表合并、管理会计报表合并、标准财务分析等多重管理要求。

未来，一个以数据共享为核心的智能财务共享中心，将成为集团级数据中心，集成核算数据、预算数据、资金数据、资产数据、成本数据、外部标杆数据等与高层管理和决策相关的信息，成为企业未来决策的最重要的数据支持平台。

2. 基于商业智能（BI）进行模型分析

管理会计报告的最大价值就是为各层级管理者的科学决策提供量化信息的支持，其本质在于将企业业务模型化，即通过建立量化模型来模拟企业的商业模式和业务模式。

而商业智能技术的特点之一就是强大的建模能力——按不同主题建立不同的业务模型和财务分析模型，发现数据之间的关系，做出基于数据的推断。

基于商业智能进行数据分析，就是从企业最核心的财务数据延伸到业务数据，从企业内部数据延伸到外部数据（包括行业数据、竞争对手数据、互联网数据）；利用大数据和智能化技术，把供行业参考的标杆数据、客户反馈数据以及市场变化趋势的数据，全部与企业内部数据结合起来，一并提供给企业管理者，为企业决策提供更多的参考信息。

商业智能作为一种可以将数据迅速转化为知识的工具，能够较好地满足管理会计报告的分层次、多维度、灵活性等特点。

　　许多管理会计报告做得比较好的企业，大多利用 BI 搭建管理会计报告系统。具体步骤如下：第一步，借助 BI 搭建统一的管理会计报告平台，把各种不同来源的数据整合到统一平台；第二步，统一数据口径，统一语言，包括统一指标的名称、含义、指标对应的数据源，以及统一指标的计算逻辑，最终达到主数据的统一（例如，对资产的分类、成本的分类等都需要统一）以及在这个框架下一些业务处理上的统一（例如，对某一项业务的处理方法需要统一）；第三步，根据公司和行业特点，构建管理报告指标库，建立指标的标准值，不同行业的公司和处于不同发展阶段的公司，其标准值可能都是不一样的，通过指标的实际值和标准值对比，可以做一个定性或者定量的判断。这样，有了指标，有了看问题的角度，又有了看问题的方法和路径，管理会计报告系统就能落地了。

　　值得注意的是，BI 作为实现战略与执行之间的完整闭环的核心工具，必须上达决策层，下至业务层。因此，一套成功的 BI 系统必不是专供决策层使用的高高在上的工具，而是上可辅助高层管理者决策、中可强化中层管理层管控、下可提高基层员工工作效率的全面的商业智能工具。

3. 按需进行多维度、定制化、可视化展现

　　多维度、分层级、灵活性、相关性、预见性是管理会计报告的五大典型特征。

　　企业编制管理会计报告体系，可按照多种标准进行定制化开发。例如，按照报告使用者所处的管理层级可分为战略层管理会计报告、经营层管理会计报告和业务层管理会计报告；按责任中心可分为投资中心报告、利润中心报告和成本中心报告；按功能可分为管理规

划报告、管理决策报告、管理控制报告和管理评价报告。也可以把时间作为一个维度，按年、按季度、按月甚至按天编制管理会计报告。在管理活动各环节还可形成基于因果关系链的结果报告和原因报告。因此，企业管理会计报告呈现的内容应根据管理需要和报告目的而定，要易于理解并具有一定灵活性。

在数据建模和数据分析的基础上，基于商业智能的管理会计报告平台能为管理者提供直观的数据可视化展现平台。

按照不同层级管理者对业务分析的不同需求，商业智能技术可定制交互式界面，快速、准确、全面、灵活地展现企业业务运营实际的数据信息，并且可以采用文本、表格、曲线图、柱状图、面积图、饼图、雷达图、仪表盘、散点图、气泡图、地图等多种数据展现方式，最终为业务管理、决策提供有效的数据信息支撑。同时，基于商业智能的管理会计报告系统不仅支持使用者在个人计算机界面的运行，还应支持在移动端的运行，有效满足使用者对于报告获取便利、及时、规范、准确的需要。

总之，基于智能财务共享、商业智能技术进行管理会计报告体系的搭建，要从实现企业战略目标的角度出发，结合企业的管理架构、数据基础、发展阶段以及不同层级管理人员对信息的需求，形成面向基层、中层和高层的管理会计报告体系。

未来，随着信息技术的不断进步，管理会计报告分析性平台和交易性平台将进行融合。这将显著提高管理会计报告的及时性，管理者最期盼的实时管理会计报告系统也将得到广泛应用。

财务共享开道，管理会计奔跑

财务共享是当前财务领域最热门的话题之一，从单纯的核算共享到融合业务财务的共享，再到今天互联网时代全方位的共享，财务共享的内涵不断地快速升级。

2014 年 11 月，财政部出台《关于全面推进管理会计体系建设的指导意见》，引领中国会计行业从财务会计迈向管理会计的财务变革之道。财务转型从根本上来说是两方面的变革：一是要使财务部门提供更有价值的信息；二是要使财务工作从脱离业务的会计核算转变为直接参与企业经营，财务人从对外信息披露者转变为内部经营管理者。财务共享服务中心的建立为财务会计向管理会计的转型奠定了基础。

首先，从组织架构层面看，财务共享服务中心进行的财务岗位职能分离，采用扁平化管理方式，为后续搭建管理会计体系的组织架构奠定了基础。

企业构建财务共享服务中心，目的是将那些简单重复且易于标准化、流水线作业的核算、费控、报销等业务归集在统一的共享服务平台进行集中处理。因此，财务共享服务中心的建立势必要求企业进行财务岗位的分离——少部分的核算会计专门负责会计核算，而大部分的财务人员将向管理会计转型，即以提供分析、管控、决策支撑为主要职能，高效率、多维度、全方位提供信息，满足企业管理与发展的需求。

财务共享使财务会计与管理会计的岗位职能分离成为可能。在岗位分离的基础上，企业可以分步设置管理会计岗、管理会计科、管理会计处（预算处），财务岗位职能逐渐向管理会计转化。

其次，从人员储备看，财务共享服务中心为管理会计的发展奠定了人力资源基础。一方面，财务共享服务中心成为财务人员快速成长的第一关。在共享模式下，核算、费控、资金管控等大量重复的工作被标准化、规范化、流程化，即便是刚毕业的会计人员也能很快上手。另一方面，财务共享服务中心使财务人员"术业有专攻"。传统财务部门对财务人员进行统一的分配与管理，而共享模式更强调财务人员的专业化分工，财务人员各司其职，初级财务人员从事核算工作，而高级财务人员可将更多精力投入企业的战略决策、投融资分析、经营管理、绩效评价等管理会计领域。

在财务共享的模式下，管理会计人员有更多的机会站在业务前端，用业务视角、管理者视角、战略视角去审视财务问题，并在实践过程中逐步积累构建业务模型的能力、分析决策能力，进而使管理会计人员的职业路径规划更明确清晰。

再次，从系统要求看，财务共享服务系统是管理会计体系的有机组成部分。一方面，一个完整的管理会计体系不但包涵全面预算管理、成本管理、绩效管理、内部控制、管理报告、管理仪表盘等直接模块，还应当包括核算、费控、报销等基础模块。另一方面，共享服务系统的实施，不单单是一个独立的系统。财务共享服务平台本质上是一个信息化平台，构建共享服务系统要对业务模式优化，要进行流程重组，这会涉及多个业务管理环节的管理系统，要与业务处理系统、全面预算管理系统和绩效评价系统等多个系统实现有机融合。

最后，从数据关系看，财务共享服务中心产生的大量实际数据、历史数据为管理会计的决策支持、精细化管理积累了数据基础。

一方面，财务共享服务中心把原来分散在各个分支机构的数据汇总到共享中心进行统一处理，进而为管理会计的分析与决策支持收集了大量真实、可靠、低成本的历史数据。此外，财务共享服务中心为管理会计提供了外部数据源，通过数据仓库和数据集成工具箱的加工，为管理驾驶舱、管理会计报告、预算、成本、绩效管理提供了数据来源。另一方面，财务共享服务中心夯实了数据基础，促进了流程、管理、数据质量的规范，而这些真实的实际数据正是战略分析、管理决策中的重要部分。

此外，财务共享服务中心可以提炼出管理者最关心的报告级数据，这是管理会计管控思想最基础的体现。譬如，从一些费用报销的数据中可以从不同角度提取出几个分析报告，而这些分析数据才是管理者最感兴趣和最有价值的。

财务共享正当时！从核算型会计向管理会计、战略型会计转变，离不开财务共享服务中心的支撑作用，而管理会计是企业的战略、业务、财务一体化最有效的工具，是财务共享展现价值的最终方向。

财务共享开道，管理会计奔跑！

参考文献

[1] 魏明，黄锦鸽. 信息技术驱动下制造业企业财务共享服务模式探析[J]. 财会月刊，2018（9）.

[2] 佟尧，臧建玲. 云技术下企业财务共享模式优化探析[J]. 中国管理信息化，2018（20）.

[3] 苗雨君，郭亚红. 企业集团财务共享服务的流程再造研究——基于创新资源配置的机理分析[J]. 改革与战略，2017（3）.

[4] 侯增周，齐建民. 技术变革驱动财务共享服务升级转型研究[J]. 经济师，2016（3）.

[5] 张庆龙，董皓，潘丽靖. 财务转型大趋势：基于财务共享与司库的认知[M]. 北京：电子工业出版社，2018.

[6] 陈虎. 从新开始：财务共享 财务转型 财务智能化[M]. 北京：中国财政经济出版社，2017.

[7] 张庆龙，潘丽靖，张羽瑶. 财务转型始于共享服务 [M]. 北京：中国财政经济出版社，2015.

[8] 陈虎，董皓. 财务共享服务[M]. 北京：中国财政经济出版社，2009.

[9] 吴淑珍. 数据共享与财务转型助推企业价值创造 [N]. 中国会计报，2018-08-24.

[10] 何欣哲. 信息技术引领财务变革[N]. 中国会计报，2017–10–27.

[11] 王棣华. 企业如何实现财务共享服务？[N]. 财会信报，2016–09–19.

[12] 刘安天. 让"财务云"渗透到更多企业[N]. 中国会计报，2015–02–06.

[13] 董皓. 技术变革推动财务共享服务2.0时代到来[N]. 中国会计报，2014–10–31.

[14] [卢闯，李鹤尊，曹鹏远. 组织协同需求下的信息系统变革——基于国美电器共享服务中心建设的案例研究[J]. 管理会计研究，2018（01）：40–47

[15] 屈涛. 立足共享服务 构建集团级企业数据中心[J]. 管理会计研究，2019（02）：81–85

[16] 陈志斌，黄嘉诚，周宇倩. 行政事业单位财务共享服务模式的构建研究[J]. 管理会计研究，2019（05）：13–27